HEYNE <

DAS BUCH

Es ist die intensivste Beziehung, die zwei Menschen miteinander haben können: die Liebe zwischen »Zwillingsflammen«. Zwillingsflammen sind die beiden Hälften einer Seele, die getrennt voneinander in zwei verschiedenen Menschen auf der Erde inkarniert sind. Wenn sie aufeinandertreffen, entsteht eine einzigartige karmische Verbindung, die das Beste in uns zum Vorschein bringt. Und so suchen wir unser ganzes Leben nach unserem perfekten Gegenstück ...

Das bekannte Medium La Douce Pythie weist den Weg zu wahrer Liebe und tiefster Verbundenheit. Ihr spiritueller Beziehungsratgeber zeigt, wie wir unsere Zwillingsflamme finden können – und was wir beachten sollten, damit diese außergewöhnliche Partnerschaft gelingt.

DIE AUTORIN

La Douce Pythie spürte bereits als Kind, dass sie besondere intuitive Fähigkeiten besitzt, konnte diese jedoch lange nicht einordnen und als Geschenk erkennen. Nach einer anfänglichen Karriere in der Wissenschaft machte sie ihre Begabung schließlich zur Berufung: Sie lebt in Frankreich, wo sie als bekanntes spirituelles Medium arbeitet und persönliche Beratungen, Kurse und Workshops zu ihrem Herzensthema, der Liebe von Zwillingsflammen, anbietet.

www.ladoucepythie.com

La Douce Pythie

ZWILLINGSFLAMMEN – ZWEI HERZEN, EINE SEELE

Wahre Liebe finden und leben

Aus dem Französischen übersetzt von
Maike und Stephan Schuhmacher

WILHELM HEYNE VERLAG
MÜNCHEN

Die Originalausgabe erschien 2021 in französischer Sprache unter dem Titel
Les Flammes Jummelles. Le parcours spirituel d'une relation amoureuse éternelle
bei First éditions, an imprint of Edi8, Paris, France.

Die in diesem Buch vorgestellten Informationen und Empfehlungen sind nach bestem Wissen und Gewissen geprüft. Dennoch übernehmen der Autor und der Verlag keinerlei Haftung für Schäden irgendwelcher Art, die sich direkt oder indirekt aus dem Gebrauch der hier beschriebenen Anwendungen ergeben. Bitte nehmen Sie im Zweifelsfall bzw. bei ernsthaften Beschwerden immer professionelle Diagnose und Therapie durch ärztliche oder naturheilkundliche Hilfe in Anspruch.

MIX
Papier | Fördert gute Waldnutzung
FSC® C014496

Penguin Random House Verlagsgruppe FSC® N001967

2. Auflage
Taschenbucherstausgabe 05/2023

Neumarkter Straße 28, 81673 München
produktsicherheit@penguinrandomhouse.de
(Vorstehende Angaben sind zugleich Pflichtinformationen nach GPSR)

Redaktion: Dr. Diane Zilliges
Umschlaggestaltung: Guter Punkt, München unter Verwendung von Motiven von © ihab / iStock / Getty Images Plus, © leolintang / iStock / Getty Images Plus, © den-belitsky / iStock / Getty Images Plus, © Blankstock / iStock / Getty Images Plus
Satz: Satzwerk Huber, Germering
Druck und Bindung: GGP Media GmbH, Pößneck
Printed in Germany.
ISBN 978-3-453-70455-8

www.heyne.de

Inhalt

Über die Autorin

Ich war bereits von Geburt an ein Medium, doch ich habe meine Fähigkeiten lange Zeit abgelehnt. In der Jugend waren meine Intuitionen von genauen blitzartigen Bildern verschiedener Ereignisse begleitet, die ich mir nicht erklären konnte. Ich fand es seltsam und habe bald begriffen, dass die Welt um mich herum nicht verstand, was ich durchmachte. Darüber zu sprechen verstärkte lediglich das Unbehagen, das ich empfand. Ich fühlte mich anders als andere und wusste nicht, wie ich mit meinen Wahrnehmungen umgehen sollte. Ich schwankte zwischen dem Bedürfnis, diese ätherische Welt zu verstehen, und dem, alles zu verdrängen.

Irgendwann hatte ich bereits als Wissenschaftlerin Karriere gemacht und nutzte diese immer noch auftauchenden intuitiven Empfindungen nur gelegentlich. Da trieb mich das Universum plötzlich in die Enge. Ich verlor alles, was meinem Dasein bislang Sinn verliehen hatte: meine Flamme, meine Wohnung, meine Gewohnheiten und meine Sicherheiten bezüglich meiner Zukunft, die ich mit Bedacht geplant hatte.

Ich kündigte urplötzlich meinen Job und reiste ans andere Ende der Welt – in der einzigen Hoffnung, meinen Schmerz zu vergessen. An diesem Punkt überschlugen sich die Ereignisse: Ich begegnete bei einem Spaziergang zufällig jemandem auf der Straße, der behauptete, ein örtlicher spiritueller Führer zu sein. Ich glaubte ihm kein Wort, aber ich ließ mich um der Folklore willen dazu verführen, an einer »Vollmond-Zeremonie« teilzunehmen.

In dieser Nacht sah ich zum ersten Mal meine früheren Leben. Ich verband mich mit meiner inneren Kraft und wurde mir all meiner Fähigkeiten bewusst, die ich sorgfältig unter Verschluss gehalten hatte, um nicht abgelehnt zu werden. Ich begriff endlich meine Aufgabe in diesem Leben und verband mich wieder mit meinem göttlichen Inneren.

Die Periode, die dem folgte, war niederschmetternd für mich. Es war eine schmerzliche, aber lehrreiche Zeit. Ich lernte, die Botschaften meiner geistigen Führer zu verstehen, meiner inneren Stimme zu lauschen und meine spirituellen Fähigkeiten zu kanalisieren.

Als ich von dieser Reise zurückkehrte, war ich bereit, meine Flamme wiederzufinden. Der Weg war riskant, aber es ist uns durch die Kraft unserer Liebe gelungen, wieder zusammenzukommen.

Heute übermittle ich über meine Instagram-Seite @ladoucephythie Informationen, die ich medial erhalte. Während privater Beratungen helfe ich meinen Klienten, sich zu finden, sich zu entwickeln und sich selbst mithilfe der Botschaften, die durch mich kanalisiert werden, zu verstehen. Ich gebe ihnen Schlüssel zur Überwindung von Problemen oder Ängsten an die Hand. Ich antworte auf ihre Fragen, und gelegentlich gebe ich ihnen einen Einblick in ihre Zukunft oder ihre Vergangenheit, denn weder Zeit noch Raum existieren.

Wenn ich die früheren Leben und die Botschaften der spirituellen Führer von Zwillingsflammen erforsche, beleuchte ich zugleich ihren Lebensweg. Immer mit Wohlwollen und Liebe.

Die kleine Raupe ist zu einem Schmetterling geworden. Mit Ihnen.

La Douce Pythie

Vorbemerkung

Alle in diesem Leitfaden enthaltenen Informationen sind das Ergebnis von Übermittlungen, die ich mehrere Jahre lang von meinen spirituellen Führern empfangen habe. Mit der Zeit haben einige von ihnen Entwicklungen erfahren, die Informationen haben sich verfeinert, manchmal differenziert.

Nehmen Sie nur das an, was eine Resonanz in Ihnen findet. Ihre Erfahrung ist die für Sie gültige. Lauschen Sie Ihrer inneren Stimme.

Ich selbst habe jede Stufe des hier beschriebenen Weges durchlaufen. Das Schreiben dieses Werks war für mich wie ein Siegel, das nun das Ende meines Weges zur Verschmelzung beschließt. Jedes Wort versetzt mein Herz in Schwingungen, und ich hoffe, Sie mit der gleichen Intensität berühren zu können.

Einführung

Auf dem Weg der Zwillingsflammen, der gleichzeitig wunderbar, transformativ und schwierig ist, geht es darum, in unser Herz hinabzutauchen. Dieser Weg ist eine Einladung in die Pracht des Lebens. Es geht darum, in die Dimension des Heiligen selbst einzutreten. Deshalb müssen wir über uns selbst hinausgehen, hinfallen, wieder aufstehen und schließlich den Frieden in uns finden.

Viele Menschen erhoffen und idealisieren die bedingungslose Liebe. Doch leider wird sie häufig missverstanden. Sie ist keine extreme Toleranz und keine Verachtung unserer selbst. Es ist eine Liebe, die nicht einzwängt, sondern die ermutigt, die Mitgefühl einschließt und die im Kontakt mit dem anderen wächst. Das ist es, was ein Paar von Zwillingsflammen verbindet.

Durch diese großartige Erfahrung, die uns der Weg der Zwillingsflammen bietet, transformieren wir das, was uns von unserer eigenen inneren Quelle entfremdet, und durch die Kraft der Vereinigung mit dem anderen transformieren wir die Welt um uns herum.

DAS PHÄNOMEN DER ZWILLINGSFLAMMEN

Was sind Zwillingsflammen?

Der Mensch besteht aus einer Seele, energetischen Körpern und einem physischen Körper aus Fleisch und Blut. In manchen Fällen teilt sich die Seele, wenn sie sich noch in einer Art primitiven Eiform befindet (was manche Alchemisten das »weiße Feuer« nennen), in zwei und lässt sich in zwei verschiedenen Körpern nieder.

Dann haben wir zwei auf der Erde inkarnierte Individuen, die beide aus einer einzigen Essenz stammen, aber durch die Barriere des physischen Körpers voneinander getrennt sind. Man nenn sie »Zwillingsflammen«.

Es handelt sich um eine freiwillig gewählte Form der Inkarnation, denn indem sich die beiden Flammen wiederfinden, können sie miteinander verschmelzen und eine besondere Aufgabe erfüllen.

Dank ihrer einzigartigen Partnerschaft und dessen, was sie zu zweit realisieren können, tragen sie zum spirituellen Aufstieg der Menschheit bei.

Dabei hilft ihnen ein Gefühl absoluter und einzigartiger Liebe, das unfassbar ist. Es ist rein, intensiv und unveränderlich. Nichts ist damit zu vergleichen, und weder Zeit noch Raum können ihm in seiner Tiefe etwas anhaben. Das Gefühl ist paradiesisch, und bei beiden Flammen sind alle Gedanken gänzlich von der anderen eingenommen. Zusammen sind sie eins, und sie spüren, wie ihnen Flügel wachsen.

Dieses Gefühl ist so berauschend und hinreißend, dass zwei Flammen einander nie mehr vergessen können, wenn sie sich einmal gefunden haben. Diese Liebe ist von einer makellosen Resonanz auf der Ebene der Schwingungsfrequenz, sie ist ewig und strahlt ihre Macht auf ihre Umgebung aus. Sie besitzt die Kraft zu inspirieren und kann in der Materie schöpferisch sein. Erinnern Sie sich jedoch, dass hierbei eine Seele zweigeteilt wurde – wir können sogar sagen, sie ist zerrissen. Eine der größten Herausforderungen für diese Art von Inkarnation ist daher die Überwindung dieses ursprünglichen Leidens durch transformative Arbeit. Damit kann eine der anspruchsvollsten Missionen auf der irdischen Ebene erfüllt werden.

Um jedoch eine solche inkarnatorische Aufgabe umsetzen zu können, bedarf es der Klärung und der Reinigung auf emotionaler und karmischer Ebene … und genau hier beginnen die »Schwierigkeiten«.

Die Polaritäten im Paar

Die beiden Zwillingsflammen bestehen aus der gleichen Ursprungsseele, die sich bei der Inkarnation in zwei unterschiedliche Körper aufspaltet. Die eine Hälfte findet sich im weiblichen Prinzip (das auch die Polarität Yin genannt wird) und die andere Hälfte im männlichen Prinzip (der Polarität Yang) wieder.

Das männliche Prinzip ist in seinem äußeren Aspekt aktiv und in seinem inneren Aspekt rezeptiv. Das weibliche Prinzip ist in seinem äußeren Aspekt rezeptiv und in seinem inneren Aspekt aktiv.

Die beiden Polaritäten sind nicht systematisch mit dem gleichen geschlechtsspezifischen Körper verbunden. Anders ausgedrückt: Wenn es sich auf der Erde inkarniert, kann sich das männliche Prinzip in einem männlichen oder einem weiblichen Körper wiederfinden; das Gleiche gilt für das weibliche Prinzip.

Der Mensch nimmt die Realität auf binäre Weise wahr, das heißt, er funktioniert permanent zwischen Gegensätzen: gut/schlecht, sein/tun, schwarz/weiß, Körper/Geist, empfangen/geben, außen/innen, Intuition/Ratio, Mann/Frau … In der Inkarnation ist die Natur jedoch dualistisch. Die Dualität ist das grundlegende, ursprüngliche und unausweichliche Gesetz. Jeder Aspekt des Lebens besitzt eine doppelte Polarisierung. Im Tod wohnt das Leben, im Weiblichen wohnt das Männliche, im Männlichen wohnt das Weibliche, in der Ursache wohnt die Wirkung, im Ungeschaffenen wird das Geschaffene gedacht. Diese Dualität wird durch das Taijitu repräsentiert, das Yin-Yang-Symbol.

Insofern findet sich die Dualität auch in den sexuellen Polaritäten der beiden Flammen wieder, und dies ist ein wichtiger Punkt auf ihrem Weg: Im männlichen Prinzip muss eine Integration seines weiblichen Aspekts entwickelt werden; im weiblichen Prinzip braucht es die Integration seines männlichen Aspekts.

Was nun die binäre Realität angeht, so zwingt sie uns zu wählen. Eine Position anzunehmen bedeutet, die andere auszulöschen. Im Verlauf der Geschichte hat der Mensch in allen Kulturen allerdings versucht, die dualistische Natur auszulöschen, indem er sie wiederum mit dem binären Gegensatz verwechselt hat. Das männliche Potenzial befindet sich in der Ablehnung und Unkenntnis seines weiblichen Aspekts; das weibliche Potenzial befindet sich in der Ablehnung und Unkenntnis des männlichen Aspekts.

Für die Zwillingsflammen kann nur die Aufhebung der Gegensätze in ihnen selbst eine Rückkehr in die Einheit erlauben, indem sie einen dritten Ausdruck schaffen: die gemeinsame Bewältigung ihrer Mission eines göttlichen Lebens auf Erden.

Die Ursprünge in den Kulturen

Die ersten Quellen, die von der Existenz eines Originalwesens und einer späteren Teilung sprechen, finden sich in der Antike. In *Das Bankett* von Platon, das etwa 380 v. Chr. geschrieben wurde, erzählt Aristophanes in seiner Rede, der Mensch sei am Anfang der Menschheit androgyn gewesen und habe ein männliches Geschlecht (von der Sonne stammend) und ein weibliches Geschlecht (von der Erde stammend) sowie vier Arme, vier Beine und zwei Gesichter besessen.

Da Zeus die Macht dieses Urmenschen fürchtete, teilte er ihn in zwei Teile. Abgesehen vom Schmerz dieser fürchterlichen Verstümmelung, hörten die Menschen nicht auf, nach ihrer ursprünglichen zweiten Hälfte zu suchen. Mehrere Tage aßen und tranken sie nicht, ohne ihren Tod zu fürchten.

Apollon, der von ihrem Leiden berührt war, beschloss daher, ihre Wunden zu nähen, und verlieh ihnen einen harmonischen Körper. Und so wurde der Mensch von einem dualistischen Wesen zu dem, was wir heute kennen. Infolgedessen verbirgt sich, den alten Griechen zufolge, in jedem von uns eine Sehnsucht nach der physischen und spirituellen Vollständigkeit. Im Mythos verbindet die beiden ursprünglichen Hälften ein stilles Einverständnis, wenn sie sich wiederfinden. Sie erleben dann ewiges Glück.

Diese gleiche Auffassung der Vollständigkeit gibt es in den gnostischen Traditionen, insbesondere im Thomas-Evangelium:

»Wenn ihr die Zwei zu Eins macht
Und das Innere wie das Äußere,

das Äußere wie das Innere,
das Hohe wie das Niedere,
wenn ihr aus dem Männlichen und Weiblichen
ein Einziges macht,
damit das Männliche nicht Mann
und das Weibliche nicht Weib sei –
[…]
Dann werdet ihr in das Königreich eingehen.

Logion 22[1]

Im Tantrismus Indiens beschreibt Shakti die Einheit der Gegensätze und der sexuellen Polaritäten. Man muss beide Pole in sich vereinigen, um in das absolute Nirwana zu gelangen und von allen Leiden befreit zu werden.

Hier findet sich also ebenfalls die Vorstellung von einem männlichen und einem weiblichen Prinzip, deren Vereinigung die Beendigung des Leidens erlaubt und Zugang zu höherer spiritueller Macht verleiht:

»Nur wenn sich Shiva mit dir vereint, o Shakti, wird er zum mächtigsten Herrn. Wird er sich selbst überlassen, hat er nicht die Kraft, auch nur einen Finger zu bewegen.«

Devi Upanishad

Der biblische Begriff der »sieben mächtigen Elohim« oder »Schöpferwesen« nähert sich ebenfalls dem Konzept der Zwillingsflammen. Die sieben Elohim sind die Erbauer der Form. Anders ausgedrückt, sie sind für die Schöpfung auf der Erde – die Transformation der Energie in Materie – verantwortlich.

Sie können diesen Zustand nur nach einer langen inneren Transformation erreichen, die darauf abzielt, sämtliche negative Energie in ihrem Inneren zu befreien.

So gibt es in der Geschichte eine Vielzahl an Quellen mit Gedanken, die dem Konzept der Zwillingsflammen ähneln. Diese Vorstellungen haben das kollektive Unbewusste durchdrungen, um seit den 1960er-Jahren in den USA von der Hippie-Bewegung wiederentdeckt zu werden. Doch erst seit einigen Jahren wird ihre Relevanz weithin gewürdigt. Heute sind sie wohldokumentiert und werden von den meisten spirituell Wirkenden einmütig anerkannt.

Die Inkarnationen der Zwillingsflammen

> Ich habe so etwas noch nie mit irgendjemandem erlebt; vom ersten Augenblick unserer Begegnung an entstand eine Verbindung!

Während meiner privaten Beratungen höre ich oft solche Bemerkungen, sobald ich es mit einer Beziehung von Zwillingsflammen zu tun habe.

Auch wenn die Emotionen irgendwie ein wenig »zauberhaft« sind, erklären sie sich gleichermaßen durch spezifische Charakteristika, die sich aus den früheren Leben der Zwillingsflammen ergeben.

Das erste Merkmal ist das Alter ihrer Seele. Die Zwillingsflammen sind das, was man »alte Seelen« nennt. Eine alte Seele ist seit Vorzeiten auf der Erde präsent und besitzt sehr viel Erfahrung.

Diese Kenntnis des Lebens und seiner Herausforderungen verleiht der Seele die Fähigkeit, auf einen überdurchschnittlich großen Abstand zu sich selbst gehen zu können. Dies geschieht, weil die alte Seele eine gewisse Losgelöstheit von der materiellen Ebene spürt. Anstatt sich für die Vorstellung zu begeistern, Reichtümer anzuhäufen oder einen hohen sozialen Status zu erlangen, fühlt sie sich zu etwas Größerem berufen. Dennoch erkennt sie die Notwendigkeit des Materiellen an. Die alte Seele frönt keiner mönchischen Entsagung. Sie ersehnt sich eine tiefe Selbstverwirklichung. Sie versucht, ihre eigene Tiefe auf natürliche Weise auszuloten, und sucht deshalb nach bedeutsamen Beziehungen, die die Widrigkeiten der Zeit überdauern. Trotzdem wünscht sie sich »immer noch mehr«.

Außerdem besitzt die alte Seele aufgrund der vielfachen Kenntnisse, die sie in früheren Leben gewonnen hat, zahlreiche Talente und Fähigkeiten. Dies kann in intellektuellen Aktivitäten oder physischen Kompetenzen zum Ausdruck kommen. In beiden Fällen ist der wesentliche Antrieb der Wille zu Wachstum und Evolution, insbesondere im Bereich des Bewusstseins.

Die alte Seele interessiert sich hingegen nicht für Gerüchte oder oberflächliche Nachrichten, die keine langzeitigen Auswirkungen auf die Entwicklungsweise der Menschheit besitzen.

Ebenso hat sie ein ihr angeborenes Verständnis, das schlichtweg das Verständnis derer, die sie umgeben, übersteigt. Nichtsdestotrotz ist dieses empirische Wissen von schweren karmischen Aufgaben begleitet, die aus ihren früheren Leben herrühren.

Die karmischen Aufgaben sind bewusste oder unbewusste Lasten physischer, emotionaler und energetischer Traumata aus früheren Leben. Diese Traumata sind individuell, sie werden von jeder Flamme unabhängig von der anderen erlebt. Außer wenn sie auf Erfahrungen zurückgehen, die die Partner in früheren Leben Seite an Seite mit dem anderen gemacht haben, dann gehören sie auch jetzt zu beiden Flammen gemeinsam.

Die individuellen karmischen Aufgaben sind für jede Polarität eigentümlich:

- Das weibliche Prinzip hat hauptsächlich Aufgaben, die mit dem Verlassenwerden oder mit Ablehnung zu tun haben, mit der Angst, sich zu offenbaren, mit Autosabotage, mit Mangel an Vertrauen auf die eigenen spirituellen Fähigkeiten, mit Eingeschlossenheit und Warten sowie mit der Schwierigkeit, das eigene männliche Potenzial zu integrieren.
- Die männliche Polarität bringt in erster Linie Aufgaben mit, die mit Scham, Schuldigkeit, mit Verbrechen, Krieg, Hass, mit Verlassen, Verrat und mit Verheimlichen verbunden sind sowie mit der Schwierigkeit, das eigene weibliche Potenzial zu integrieren.

Gemeinsame karmische Aufgaben wurden von beiden Flammen schon während ihrer früheren Inkarnationen durchlebt. In jeder dieser Inkarnationen haben die Flammen eine leidenschaftliche Liebesgeschichte erlebt, aber tragischerweise ist es ihnen nicht gelungen, sich von der karmischen Last zu reinigen, um zu einer Vereinigung zu gelangen und, physisch gesprochen, ein Paar zu bilden. Die beiden Flammen leiden unter der Last wiederholten Scheiterns. In den meisten Fällen, denen ich während meiner Konsultationen begegnet bin, empfindet das männliche Prinzip eine karmische Last, schuldig zu sein, sowie einen Mangel an Vertrauen in sich selbst und das Paar, während das weibliche Prinzip eine karmische Last des Verlassenseins empfindet und Angst hat, »nicht zu genügen«.

Diese Lasten wiegen schwer und sind deprimierend. Sie belasten die Beziehung vom Augenblick der Begegnung an, ohne dass sich die beiden Polaritäten dessen bewusst sind. Nur die Einsicht und die vollständige Bereinigung dieser Lasten gestatten die Vereinigung.

Die karmischen Schulden sind negative Lasten, die aus Handlungen früherer Leben erwachsen. Aus spiritueller Sicht heißt »negativ« nicht unbedingt »schlecht«, sondern verweist auf eine energetische Schuld, die beglichen werden muss, damit die Energie neutral wird und keine Blockaden im persönlichen Leben hervorruft.

Beispiel einer Konsultation

Émeline wurde in einem früheren Leben im Mittelalter von ihrer Flamme verlassen. In jenem Leben konnte er sie nicht ehelichen, weil sie die Tochter eines renommierten Gutsherrn war, während er nur ein einfacher Ritter war. Statt mit ihr darüber zu sprechen, zog er es vor, von heute auf morgen eine Frau seines Standes zu heiraten, obwohl er

Émeline zuvor ewige Treue geschworen hatte. Er fühlte sich feige und schwach, schämte sich, dass er die Autorität des Gutsherrn nicht herausgefordert hatte. Er verspürte außerdem das Gewicht der Gesellschaft, das »Was wird man sagen?«, dem er sich nicht zu stellen wagte. Auch wenn er seine Liebe opfern und sein Herz verschließen musste, entschied er sich für ein Leben ohne Probleme.

Émelines Seele fühlt sich schrecklich verraten und verlassen. Denn sie hatte an ihn geglaubt; sie hatte sogar mehrmals versucht, Kontakt mit ihm aufzunehmen, doch vergeblich. Sie hatte den Eindruck, seinen Anforderungen nicht zu genügen. Sie fühlte sich nicht strahlend genug, um ihn dazu zu inspirieren, sich für sie zu schlagen.

Die Seele des Ritters steht in einer karmischen Schuld gegenüber der Seele von Émeline und müsste in einer neuen Inkarnation beweisen, dass er ihres Vertrauens würdig ist. In ihrem aktuellen Leben ist Émeline verständlicherweise ihrer Flamme gegenüber misstrauisch und fühlt sich in der Partnerschaft nicht sicher. Sie versteht nicht, weshalb sie ihn häufig eifersüchtig verdächtigt, wenn er mit einer anderen Frau spricht. Er wiederum verhält sich nicht vernünftig und sucht kein klares Gespräch, sondern er schämt sich und vermeidet jegliche Konfrontation, obwohl er nichts zu verbergen hat. Er hat den Eindruck, dass diese Partnerschaft nicht funktionieren kann, da Émeline zu anspruchsvoll ist.

Dies ist ein typischer Fall, in dem die karmischen Einflüsse die Beziehung schwer belasten und unbewusstes Verhalten nach sich ziehen, das einen Fortschritt in der Beziehung schwierig macht und sie belastet. Nur eine

Arbeit an den früheren Leben könnte eine heilbringende Befreiung ermöglichen.

Im Laufe meiner Forschungen zu vergangenen Inkarnationen konnte ich feststellen, dass Zwillingsflammen nicht immer Anteil an den früheren Leben des anderen haben. Wenn sie sich begegnen, dann intensiv, aber episodisch. Die Flammen benötigen jeweils mehrere Inkarnationen, um sich davon zu erholen. Diese Lückenhaftigkeit der Begegnungen hat einen großen Einfluss auf die emotionale Dynamik eines solchen Paares.

Die Seelenverträge

Stellen Sie sich Ihre Seele kurz vor der Inkarnation auf der Erde vor. Während dieser Inkubationszeit bereitet sie eine besondere Versammlung vor, auf der ihre Seelenverträge erstellt und die Herausforderungen der künftigen Inkarnation festgelegt werden.

Das Ziel dieses spirituellen »runden Tisches« ist, zu entscheiden, welche Lektionen Sie im nächsten Leben lernen sollen, welche Herausforderungen zu bewältigen und welche karmischen Schulden zu begleichen sind. Dabei werden Seelenverträge mit allen Seelen unterzeichnet, denen Sie in der kommenden Inkarnation begegnen werden, um so die Rolle der einzelnen sowie die möglichen Folgen und Vorzüge Ihres Zusammentreffens zu bestimmen.

Sind Sie eine Zwillingsflamme, werden die Verträge, die Sie an andere Seelen binden, auf ein Minimum reduziert, damit Sie die meisten Verträge mit Ihrer Flamme abschließen können. Die Anzahl Ihrer Verträge mit Ihrer Flamme ist daher unermesslich. Ihre Flamme übernimmt die Verantwortung, Ihnen ein Höchstmaß an Lektionen zu erteilen; und auch Sie übernehmen die schwere Aufgabe, ein Lehrer für sie zu sein. Diese doppelte Aufgabe als Lehrer und zugleich Schüler ist heikel.

Um Sie zum Beispiel eine Lektion im Loslassen und Verzeihen zu lehren, muss Ihre Flamme die Verantwortung übernehmen, Sie zutiefst zu verletzen. Sie haben die Wahl, ihr zu verzeihen (die karmische Lektion für gültig zu erklären) oder nachtragend zu bleiben (die Lektion wurde nicht gelernt, und diese Aufgabe wird sich später oder in einer anderen Inkarnation wieder stellen).

Ihre Flamme trägt also eine karmische Schuld Ihnen gegenüber. Sie sollte sie in dieser oder in der nächsten Inkarnation begleichen.

Der Seelenvertrag beinhaltet in diesem Falle:

- Eine Situation, in der das männliche Prinzip das weibliche Prinzip zutiefst verletzt. Die Ereignisse sind von den beiden Flammen vor der Inkarnation ersonnen, beschrieben und entschieden worden. Die spirituellen Führer können sich beteiligen, um den Seelen die Bewältigung der Aufgabe auf der Erde zu erleichtern. (Ein spiritueller Führer ist eine autonome Energie auf spiritueller Ebene, die einer Seele bei der menschlichen Inkarnation hilft. Es ist also ein spirituelles Wesen, das zur Entwicklung eines menschlichen Wesens beiträgt.)

- Die Möglichkeit für das weibliche Potenzial, loszulassen und Verzeihen zu lernen. Die Wahl, die Lehre für gültig zu erklären, bleibt dem freien Willen des weiblichen Potenzials während der Inkarnation überlassen.
- Vom männlichen Potenzial werden eine karmische Last der Schuld und eine karmische Verschuldung gegenüber dem weiblichen Potenzial getragen. Das männliche Potenzial hat keine Wahl und muss diese Last tragen. Es hat vor der Inkarnation aus freien Stücken durch das Unterzeichnen des Vertrages darin eingewilligt. Ein anderer Kontrakt kann unterschrieben werden, um die Möglichkeit zu erhalten, diese Schuld aufzulösen.

Solange es karmische Schulden und Seelenverträge gibt, die das Zwillingsflammen-Paar verbinden, kann die Vereinigung nicht vervollständigt werden.

Wenn sich die Flammen hier auf Erden inkarnieren, erfahren sie allerdings eine Art Amnesie. Das verhindert, dass sie von der Vergangenheit überwältigt werden. Vergleichen Sie dies mit dem Zurücksetzen eines Computerprogramms, das die Möglichkeit eröffnet, wieder bei null anzufangen.

Um auf diesem Lebensweg voranzukommen, muss der Vertrag aufgelöst werden. Die einzige Möglichkeit, das aufzudecken, was ein Zwillingsflammen-Paar auf karmischer Ebene verbindet, besteht deshalb darin, die unbewussten karmischen Schemata durch das Erforschen früherer Leben oder durch regressive Hypnose zu verstehen.

Es ist anzumerken, dass die erlernten Lektionen ebenso wie die beglichenen Schulden bestehen bleiben. Nichts geht verloren. In jeder Inkarnation findet eine Klärung der karmischen Lasten statt. In dem Maße, in dem die Seele voranschreitet, nimmt die Anzahl der Verträge ab, während die gemeisterten Lehren die Bewältigung der übrigen Aufgaben erleichtern. Diese Dynamik trägt dazu bei, den Seelen eine für ein Aha-Erlebnis günstige Schwingungsfrequenz einzupflanzen, die bereits der Vereinigung entspricht.

Die Spiritualität

Einer der wichtigsten und in Hinsicht auf den Weg der Zwillingsflammen vergessenen Punkte ist die Spiritualität. Dabei ist sie ein zentrales Element in der Beziehung, denn sie ist zutiefst in der Entwicklung des Paares verankert. Zwillingsflammen weisen einzigartige Merkmale auf, die der Einzigartigkeit ihres Lebenswegs entsprechen.

Das erste Charakteristikum besteht darin, dass sie von verschiedenen spirituellen Führern profitieren, die aber energetisch miteinander verbunden sind. Weil die Zwillingsflammen die vollkommene Spiegelung des jeweils anderen sind, haben sie genau die gleichen tiefen Bedürfnisse. Die in Anspruch genommenen Führer sind nicht gleich, denn die Flammen sind noch immer zwei verschiedene Entitäten, wenn auch substanziell verbunden. Sie wirken aber gemeinsam für die beiden. Dies ist beispielsweise der Fall bei den Führerpaaren von Gott/Göttin (Osiris und Isis, Hades und Persephone, Ishtar und Tammuz …) oder bei Tiertotems (zwei Eulen, zwei Tiger, zwei Wölfe …), aber auch bei den Erzengeln (Michael, Raphael, Gabriel, Metatron …). Infolgedessen hat das Verlangen einer der beiden Flammen zugleich eine direkte

Auswirkung auf die andere. Gleichermaßen gilt, sobald ein Führer aktiv wird, betrifft es beide Flammen.

Nehmen wir an, das männliche Prinzip fühlt sich verloren und weiß nicht mehr, was es tun soll. Soll er ihr eine Nachricht schicken oder nicht? Er hebt die Augen zum Himmel und sagt sich, er würde gern ein Zeichen bekommen. Er fragt seinen verstorbenen Vater, denn er ist es gewohnt, mit ihm zu sprechen. Er weiß, dass er ihm zuhört. Einige Stunden später hört er den Vornamen des weiblichen Prinzips im Fernsehen. Das genügt ihm: Er muss sie anschreiben!

Das weibliche Prinzip ihrerseits weiß nicht, ob dieser Mann gut für sie ist. Sie hat viele Zweifel. Im Übrigen hat sie sich gerade geschworen, dass die Sache für sie gelaufen ist und sie zu etwas anderem übergehen wird, wenn er sich nicht meldet. Während sie sich gerade anschickt, ihr Telefon auszuschalten, erscheint eine Nachricht. Von ihm!

Hier hat das Verlangen auf beide Flammen eingewirkt; jede erhält ein Zeichen, das es ihr erlaubt zu wissen, wie sie sich jeweils in ihrem Leben verhalten sollen.

Das zweite Charakteristikum zeigt sich in der Aura beider Flammen (die Aura ist der energetische Schwingungskörper, der mit der Seele und dem physischen Körper verbunden ist). Ihre Farben liegen genau gegenüber auf dem chromatischen Rad. Ist die Aura des weiblichen Prinzips golden, so ist die Aura des männlichen Potenzials blau.

Ihre Schwingungsrate, die ihr »energetisches Niveau« darstellt, ist die ganze Zeit dieselbe. Diese Regel ist bedeutsam, denn diese Schwingungsrate variiert permanent, ist sie doch den Unwägbarkeiten des Lebens unterworfen, seien sie gut oder schlecht. Wenn eine Flamme ein positives Ereignis erlebt, das ihre Schwingungsrate erhöht, erfährt die andere ebenfalls einen drastischen Anstieg, auch wenn sie nichts dafür getan hat.

Vielleicht hat das weibliche Potenzial gerade eine Prüfung bestanden; sie jubiliert. Sie hat so lange dafür gelernt. Was für ein fantastischer Tag! Das männliche Potenzial weiß es noch nicht; er ist bei der Arbeit, doch als er mit einem Klienten spricht, verspürt er ein jähes Aufwallen von Freude und kann nicht umhin zu lächeln. Die Verhandlung läuft wunderbar, denn er findet alle nötigen Argumente für einen Verkauf. Er kann einen wichtigen Vertrag abschließen. Was für ein wundervoller Tag!

Leider funktioniert es auch andersherum. Ein von einer Flamme negativ erlebtes Ereignis wird die Schwingungsrate der anderen ebenfalls absenken. Dies zeigt sich bei der anderen Flamme durch ein jähes Abfallen der Stimmung oder Energie, durch Niedergeschlagenheit oder Melancholie.

Oft wird gesagt, beide würden »sich gegenseitig beeinflussen«. Ihre Energien stehen in Resonanz miteinander. Deshalb wird jede energetische Arbeit, die von einer der Flammen geleistet wird, Auswirkungen auf den energetischen Körper der anderen Flamme haben.

Missverständnisse über Zwillingsflammen

»Wir alle haben eine Zwillingsflamme.«

Auf ihrem Weg trifft die Seele der Zwillingsflammen immer wieder die Entscheidung für ein Erdenleben, bevor sie inkarniert. Dieser Weg besitzt ein ihm eigenes Ziel: anderen

Seelen dank einer gekoppelten Energie beim spirituellen und energetischen Aufstieg zu helfen, indem es den Flammen gelingt, sich auf individuelle Weise karmisch und emotional zu reinigen.

Man kann durchaus einen anderen Lebensweg wählen, ohne sich für diese Teilung der Seele auf zwei Körper zu entscheiden. Es liegt kein größerer Verdienst, keine größere Ehre darin, den Weg der Zwillingsflammen zu beschreiten. Es bedeutet nicht unbedingt, dass die Seele außerordentlich ist. Nichtsdestoweniger ist es eine sehr mutige Entscheidung, denn eine solche Inkarnation ist in den meisten Fällen schwer zu leben.

Immer kann sich eine Seele in zwei Hälften teilen und diesen Weg einschlagen, auch wenn sie viele frühere Leben ohne Zwillingsflamme gelebt hat. Das heißt, wenn man in dieser Inkarnation keine Zwillingsflamme hat, bedeutet das nicht, dass man sie nicht in einem der zukünftigen Leben haben kann.

»Wir können auch mehrere Zwillingsflammen haben.«

Die Verbindung zweier Zwillingsflammen ist durch ihre Ausschließlichkeit charakterisiert. Denn die Seele teilt sich in zwei unterschiedliche Körper auf. Diese Aufspaltung ist im Allgemeinen für beide Teile schwer zu ertragen und lässt ein Gefühl der Leere entstehen, sodass jede Flamme nicht ruhen wird, bis sie diese Leere gefüllt hat.

Hätte man mehrere Flammen, würde dies darauf hinauslaufen, die Seele in Portionen aufzuteilen, was das Bewusstsein auf traumatische Weise vollkommen zerstückeln würde.

»Die Beziehung von Zwillingsflammen ist besser als die von Seelenverwandten, weil sie intensiver ist.«

Die Beziehung von Zwillingsflammen ist nicht der einzige Weg, eine intensive Liebe zu leben, die einem Hollywoodfilm gleicht. Eine karmische Beziehung, wie die mit einer seelenverwandten Person, kann ebenso intensiv und bereichernd sein. Es gibt da keine Regeln.

Eine leidenschaftliche und außerordentliche Liebesgeschichte lässt sich also auch mit einer seelenverwandten Person leben; dennoch sind alle Paarbeziehungen von Zwillingsflammen in ihrem Wesen verzaubernd und in einer tiefen Liebe verankert.

»Wenn zwei Partner von einem Hin- und Hergerissensein gequält werden, müssen es Zwillingsflammen sein.«

Die Beziehung von Zwillingsflammen ist in keiner Weise allein durch Schmerz gekennzeichnet. Sie ist weder traumatisch noch missbräuchlich. Eine toxische Beziehung für die Beziehung von Zwillingsflammen zu halten ist eine Falle, in die viele tappen, um die Realität einer gefährlichen Situation zu verschleiern.

Gewiss bringt die Verbindung von Zwillingsflammen viel Schmerz hervor, verschüttete Traumata werden auftauchen, und nicht bearbeitete Erinnerungen werden sich aktivieren – auch wenn die Flamme selbst sie niemals ans Licht holen würde.

Der Schmerz und die aufkommenden Emotionen sind oftmals das Ergebnis von unbewussten Verletzungen aus der Kindheit oder früheren Leben, die reaktiviert werden, damit sie ein für alle Mal vernarben oder ein für alle Mal transzendiert werden können. Das Ziel besteht darin, den Lebensauftrag annehmen zu können, der den Zwillingsflammen obliegt.

»Eine dritte Person mischt sich häufig in die Zwillingsflammen-Partnerschaft ein.«

Oft höre ich Menschen von einer »dritten Energie« sprechen, die einer dritten Person in der Partnerschaft entspricht. Damit ist eine außerhalb des Paares stehende Person gemeint, die die Erfüllung der Beziehung zu verhindern versuche. Sie sei ein Hindernis für die Vereinigung.

Für mich ist dies absolut kein Anzeichen für eine Zwillingsflammen-Beziehung. Noch einmal, die Grenze zwischen einer toxischen Beziehung und einer Beziehung von Zwillingsflammen kann fließend sein. Die erste Bremse für das Zwillingsflammen-Paar ist ... das Paar selbst! Die Präsenz einer Person, die das Paar stören könnte (ein Elternteil, ein Freund, eine Freundin, ein Ehepartner ...), spiegelt lediglich den Mangel an Ausrichtung jeder Flamme auf ihr tiefstes Verlangen wider.

Dennoch kann es in zwei Fällen eine dritte Person geben:

- Wenn das Paar seit einer langen Zeit getrennt ist, ist diese dritte Energie im Allgemeinen mit dem weiblichen Prinzip gepaart.
- Wenn eine der beiden Flammen während der Begegnung bereits in Partnerschaft lebt, ist die dritte Energie im Allgemeinen mit dem männlichen Prinzip gepaart.

Diese dritte Energie ist kein entscheidender Faktor. Es entsteht keine Qual der Wahl, denn die Wahl vollzieht sich auf ganz natürliche Weise. Sie sollte nichtsdestoweniger zum Nachdenken und einer Rückbesinnung auf sich selbst anregen. Wenn diese dritte Energie am Rand der Partnerschaft länger bleibt, spiegelt das die Weigerung einer der beiden Flammen wider, sich weiterzuentwickeln und zu transformieren.

Beispiel einer Konsultation

Marine hat sich vor fünf Jahren in Alexander verliebt. Nach einem Jahr Beziehung haben sie sich getrennt. Es ist ihnen dennoch niemals gelungen, den Kontakt ganz zu unterbrechen.

Marine kann Alexander nicht vergessen, trotz zahlreicher Beziehungen zu anderen Männern. Sie fühlt sich verloren, denn Alexander scheint dasselbe zu empfinden, sie kommen aber nicht wieder zusammen. Er flattert von Liebelei zu Liebelei, kommt aber immer wieder zu ihr zurück. Außerdem sind einige seiner Botschaften verwirrend für sie. Eines Abends sagt er ihr am Telefon, er hätte sie niemals vergessen und sei unglücklich. Der ersehnte Augenblick! Er schlägt ihr vor, sich zu sehen, aber am nächsten Tag: der Horror! Er antwortet nicht mehr und postet ein Foto von sich mit einer schönen jungen Frau. Beide lächeln.

Marine ist schrecklich verletzt und braucht mehrere Monate, um sich davon zu erholen. Sie findet sich schließlich damit ab, ohne Alexander zu sein, und ist gerade dabei, sich wieder etwas besser zu fühlen.

An einem Abend schickt ihr Alexander erneut eine Nachricht. Er sei nicht glücklich mit seiner Freundin. Er entschuldigt sich wegen seines Verhaltens und würde sich freuen, wenn sie ihm verzeihe. Sie sprechen stundenlang, jeden Tag, mehrere Wochen lang. Doch Alexander scheint seine Freundin nicht zu verlassen.

Marine fühlt sich verloren. In der Zwischenzeit hat sie sich über die Zwillingsflammen informiert und denkt an die dritte Energie. Ist dies alles das Zeichen, dass sie sich in Geduld üben muss und dass Alexander ihre Zwillingsflamme ist?

Hier sind wir in Versuchung, an eine Beziehung von Zwillingsflammen zu denken. Da ist das Hin und Her beider Partner, die sich schwertun, zusammen zu sein, sich aber nicht vergessen können, dazu die Energie einer dritten Person, die die Beziehung »blockiert«.

Die Selbstdiagnose ist allerdings zweischneidig. Marine befand sich, wie wir herausbekamen, nicht in einer Zwillingsflammen-Beziehung, sondern einfach in einer karmischen Beziehung. In ihr gab es nicht geheilte Wunden der Verlassenheit, und es sollte familiäre Loyalität in der Partnerschaft gelernt werden.

Wenn Sie auf jemanden warten, der in einer Paarbeziehung lebt und Ihnen immer wieder sagt, dass er bald zu Ihnen kommen wird, und Sie lassen das zu, weil Sie glauben, es sei Ihre Zwillingsflamme – bitte überdenken Sie noch einmal, was Sie tun. Manchmal ist es hilfreich, die Meinung einer

Person von außen (zum Beispiel eines Therapeuten) einzuholen. Sie sind nicht allein, scheuen Sie sich nicht, um Hilfe zu bitten. Im Kapitel »Falsche Zwillingsflammen und toxische Beziehungen« finden Sie eventuell auch einige hilfreiche Hinweise.

»Die Vereinigung ist eine Verpflichtung, und die Zwillingsflammen finden sich immer wieder.«

Leider ist es nicht unbedingt wie im Märchen, wenn sich Zwillingsflammen begegnen. Die Arbeit der Wiedervereinigung erfordert meistens mehrere Leben.

Dieser Weg ist ein alchemistischer Prozess, wie bei der Herstellung des Steins der Weisen, durch die Umwandlung von Blei in Gold. Anders gesagt, das Blei des Egos und der physischen Realität verwandelt sich in das Gold des spirituellen Bewusstseins. Die Alchemie ist das Aufsteigen (von unten nach oben), das sich im Geist abspielt. Der Weg beginnt für jede Flamme in einem Ego, das in der Lust, zu besitzen, und der Unmittelbarkeit des physischen Lebens festklebt.

Im Laufe einer reinigenden Metamorphose, die diese Beziehung bietet, erreichen die Zwillingsflammen einen spirituellen Zustand, der vollkommen in die Realität integriert ist – eine echte Spiritualität, die in der physischen Inkarnation begründet ist, andere inspirieren und ihnen helfen kann, auf ihrem eigenen Lebensweg voranzukommen.

Deshalb erfordert diese Vereinigung eine ständige Arbeit, die nicht immer in einer einzigen Inkarnation zu bewältigen ist.

»Die beiden Teile der Seele befinden sich im selben Erweckungsstadium.«

Im Zwillingsflammen-Paar ist eine Flamme erweckt – im Allgemeinen das weibliche Prinzip –, während die andere als schlafend bezeichnet wird – meistens das männliche Prinzip. Die erweckte Flamme strebt danach, die Natur dessen, was sie an die schlafende Flamme bindet, zu verstehen. Sie ist die erste, die an sich arbeiten und der Beziehung einen spirituellen Sinn verleihen möchte.

Die erweckte Flamme ist auch diejenige, die zuerst die Schattenseiten der Beziehung bemerken und versuchen wird, jede toxische Verbindung zu eliminieren, indem sie ihr eine Energie von Liebe entgegenhält. Die erweckte Flamme hat begriffen, dass diese Beziehung speziell ist, und versucht, sich um jeden Preis für sie einzusetzen.

Was die schlafende Flamme angeht, so zeigt sie größere Schwierigkeiten, sich ihrer einschränkenden Anteile bewusst zu werden. Sie empfindet genau wie die andere Flamme, dass etwas zwischen beiden geschieht, ohne jedoch so recht zu wissen, was. Die schlafende Flamme will ihre schädlichen Muster nicht sehen und veranstaltet alle möglichen mentalen Verdrehungen, um sie zu verdecken. Sie kann sich sogar dafür entscheiden, aus der Beziehung zu flüchten, nur um sich nicht mit ihren dunklen Anteilen beschäftigen zu müssen.

»In einem Zwillingsflammen-Paar gibt es einen Chaser und einen Runner.«

In vielen dem Phänomen der Zwillingsflammen gewidmeten Werken finden Sie die Begriffe von Chaser und Runner. Der Runner, so heißt es, sei die Flamme, die versuchen wird, die Beziehung und deren Verpflichtungen zu vermeiden, während der Chaser jene Flamme sei, die im Gegensatz dazu versucht, die Verbindungen zu halten. Sie jagt dem Runner hinterher.

Auch wenn es stimmt, dass in einem Paar der erweckte Teil versuchen wird, dem anderen begreiflich zu machen, dass sich die Beziehung »lohnt«, und sich den Herausforderungen stellen wird, während der schlafende Teil versuchen wird, davor zu flüchten, ist es zu vereinfachend, von einem Runner und einem Chaser zu sprechen.

Auf dem Weg der Zwillingsflammen werden die Rollen immer wieder getauscht. Manchmal wird eine Flamme versuchen zu entfliehen, zu anderen Zeiten wird sie diejenige sein, die am Ball bleibt.

Der Grund hierfür ist einfach: Die Liebe, die die beiden Flammen vereint, ist von beiden Seiten her spürbar und intensiv. Der einzige Grund, der bewirkt, dass die eine oder die andere Flamme flieht, ist das Verlangen, sich von der Arbeit an sich selbst, die diese Beziehung erfordert, abzulenken.

Dieses unkontrollierbare Verlangen, nicht sehen zu müssen, was im Inneren wehtut, ist allen Menschen gemein. Niemand hat Lust, eine klaffende Wunde zu berühren. Die Beziehung zu einer Zwillingsflamme ist wie ein Schalter, der all unsere Ängste und Unsicherheiten wachruft. Warum also sollte man sich nicht wünschen, sich schnellstens aus dem Staub machen zu können? Diese Beziehung ist sowohl für den erweckten als auch für den schlafenden Teil erschütternd. Sie konfrontiert mit jedem Schatten und jeder Schwere, die ein inkarnierter Körper seit seiner Schöpfung enthalten kann. Deshalb ist das Bedürfnis, alles stehen und liegen zu lassen und zu fliehen, wenn der Druck zu groß wird, natürlich und instinktiv. Es ist legitim. Der Fluchtreflex bildet einen integralen Bestandteil der inneren Arbeit.

In einem Zwillingsflammen-Paar jedoch sucht der eine Teil denjenigen, der ausbricht. An dieser Stelle lässt sich das Prinzip vom Runner und Chaser wirklich anwenden. Wenn einer flieht, kämpft der andere und versucht, die Beziehung zu retten. Diese Dynamik muss wechselseitig sein, da sonst die Gefahr besteht, in die Einbahnstraße einer toxischen Beziehung zu gelangen, die, um es noch einmal zu betonen, nichts mit der Verbindung von Zwillingsflammen zu tun hat.

Wenn Sie in einer Beziehung leben, in der Sie ständig auf den anderen und seinen guten Willen warten müssen, befinden Sie sich in einer Gefühlsabhängigkeit. Das hat nichts mit der Beziehung von Zwillingsflammen zu tun.

»Es kann sein, dass sich bei einem Paar aktuell nur eine der Flammen auf der irdischen Ebene befindet.«

Ja, es kommt vor, dass ein tragisches Ereignis ein Zwillingsflammen-Paar auf der physischen Ebene trennt. Dies ist der Fall, wenn eine der Flammen stirbt, obwohl der Weg noch nicht beendet ist.

Das ist ein schweres Los für die zurückbleibende Flamme, die dadurch einen äußerst heftigen Schmerz verspürt. Oft erfährt diese Flamme eine tiefe spirituelle Transformation und kann am Ende erheblich kraftvoller als andere mit Trauer umgehen.

In diesem Falle wird die in der anderen Welt präsente Flamme zu einem besonders guten spirituellen Führer und kommuniziert weiterhin mit der auf der Erde verbleibenden

Flamme durch Träume, weiße Federn, die zufällig gefunden werden (da Vögel Botschafter des Göttlichen sind und Weiß die Farbe des Göttlichen par excellence ist), Stunden, in denen die Zeit anders als üblich verrinnt, sowie durch Geldstücke (die über Zahlen eine Botschaft übermitteln können). Meistens entsendet sie auch eine seelenverwandte Person, damit diese die Inkarnation ihrer Flamme auf ihrem Lebensweg begleiten kann.

Ein solcher Seelenvertrag ist für die auf der Erde verbliebene Flamme sehr lehrreich. Er wird oft unterzeichnet, wenn es auf karmischem Niveau zahlreiche energetische Abweichungen zwischen den beiden Flammen gibt.

»Um seine Flamme zu finden, muss man auf spiritueller Ebene fortgeschritten sein.«

Es gibt nicht die geringste Verpflichtung, seine Zwillingsflamme zu finden. Es ist ein Prozess, der sich wie durch Zufall während einer Inkarnation zeigen kann, wenn dies zuvor gewählt wurde. Spirituell fortgeschritten zu sein ist absolut kein Grund dafür, wenn dies auch im Laufe des Weges unausweichlich wird.

Dies ist nur ein Weg unter zahlreichen vom Universum angebotenen Wegen des Fortschreitens auf der spirituellen Ebene. Eine Seele kann durchaus Licht ausstrahlen, ohne je den Weg der Zwillingsflammen beschritten zu haben.

Das führt mich zu einer anderen Vorstellung: Man könne seine Zwillingsflamme mithilfe von Zeremonien, Ritualen oder energetischen Behandlungen manifestieren. Die Verbindung zwischen den Zwillingsflammen ist von hoher Schwingung, aber ganz und gar vom Universum inszeniert. Wenn es zu einer Begegnung mit Ihrer Zwillingsflamme in dieser momentanen Inkarnation kommen soll, dann wird es durch das göttliche Timing und die Prozesse des Universums geschehen.

Die Unterschiede zu den Seelenverwandten und die Ziele der Inkarnation

Die Seelenverwandten

Seelenverwandte sind Seelen, mit denen Sie zahlreiche Leben verbracht haben und die Sie auch in Ihrer aktuellen Inkarnation wiederfinden. Sie haben etliche Seelenverwandte.

In allen Ihren früheren Leben teilten Sie Beziehungsverbindungen mit Seelenverwandten, die amouröser, freundschaftlicher oder familiärer Natur sein können. Eine seelenverwandte Person kann Ihr Freund, Ihre Freundin sein, Ihre Schwester, Ihr Bruder und selbst Ihr Lebenspartner oder Ihre Partnerin.

Ihre Seelenverwandten spielen eine zentrale Rolle in allen Ihren vergangenen Inkarnationen, und Ihre Wege kreuzen sich immer wieder im Universum. Sie teilen über Zeitalter hinweg Ihre Leiden, Ihre Freuden und Ihre Schwierigkeiten miteinander.

Eine seelenverwandte Person spiegelt Ihre Qualitäten und manchmal auch einige Schwächen wider. Sie kennt Sie auf instinktive und tiefe Weise, weil sie in allen vergangenen Leben diese Art von starker Verbindung mit Ihnen gehabt hat.

Auf den ersten Blick gleichen die Zwillingsflammen den Seelenverwandten, denn wenn Sie Ihrer Flamme begegnen, entsteht sofort eine intensive Verbindung. Darin gleicht die Verbindung der mit einer seelenverwandten Person.

Sie hätten Ihrer Flamme allerdings bereits Tausende Male in Ihren früheren Leben begegnen können, als hätten Sie sie niemals gesehen – das ändert nichts an dem Gefühl des Déjà-vu. Das, was Sie in Ihrer Flamme erkennen, ist Ihre eigene Essenz. Sie sind nichts als ein und dieselbe Seele.

In der Beziehung zu einer seelenverwandten Person behalten Sie, ganz gleich, was geschieht, Ihre Individualität. Sie können sich gemeinsam entwickeln, sie können den anderen beeinflussen, aber Sie werden niemals einen solchen Zustand vollkommener Auflösung erreichen, wie er in einer Zwillingsflammen-Beziehung möglich ist.

Denn in der Tat kommt es in der alchemistischen Verwandlung des Zwillingsflammen-Paares zu einer Art von Identitätsverlust, zu einer inneren Krise. Dies ist es auch, was die beiden Verbindungen am stärksten unterscheidet. Auf dem Weg als Zwillingsflamme kennt man irgendwann keine Grenze mehr zwischen dem Ich und dem anderen.

Der andere wesentliche Unterschied liegt in der Zielsetzung dieser Wahl der Inkarnation. Das Ziel eines Zwillingsflammen-Weges besteht darin, die allgemeine Schwingungsrate zu erhöhen, indem Sie die spirituelle Arbeit an sich selbst beschleunigen, um an der globalen spirituellen Anhebung teilzuhaben. Anders ausgedrückt: Dank Ihrer Partnerschaft und dank dessen, dass Sie zusammen sind, helfen Sie anderen, sich auf der spirituellen wie der persönlichen Ebene zu entwickeln.

Wenn sich Zwillingsflammen vereinigen, gibt es für gewöhnlich ein großes beidseitiges Verlangen, etwas zu kreieren, das eine Erhöhung des kollektiven Bewusstseins fördert. Dies kann mehrere Inkarnationen beanspruchen, in denen

Sie Ihre Verbindung auf einer bewussten, unbewussten und energetischen Ebene perfektionieren.

Das Ziel einer Beziehung von Seelenverwandten liegt in der gegenseitigen Unterstützung bei der Erfüllung Ihrer Aufgaben in der Inkarnation. Die seelenverwandte Person hilft Ihnen, sich zu verwirklichen, indem sie Ihnen ihre Liebe wie auch ihr Licht schenkt. Die seelenverwandte Person teilt außerdem Ihren Alltag und assistiert Ihnen, indem sie beispielsweise Ihr Ehemann oder Ihr Kind wird, mit dem Sie viele Jahre des inkarnierten Lebens verbringen werden.

Die Beziehungen zu Seelenverwandten helfen im Wesentlichen dabei, die eigene Individualität zu entwickeln, das eigene Karma zu erleichtern und den eigenen inneren Garten zu kultivieren. Die Zwillingsflammen hingegen bewirken eine Erhöhung des kollektiven Bewusstseins des Menschen, indem sie eine Einheit herbeiführen.

Der Hauptunterschied zwischen diesen beiden Arten von karmischer Verbindung besteht also in dem Ziel der Beziehung selbst: persönliches Wachstum bei den Seelenverwandten, kollektives Wachstum bei den Zwillingsflammen.

SEELENVERWANDTE	ZWILLINGSFLAMMEN
• Karmische Verbindung, die durch eine tiefe Anhänglichkeit und ein Gefühl, sich »schon ewig« zu kennen, charakterisiert ist. • Die Beziehung ist nicht immer eine Liebesbeziehung; sie kann auch familiärer oder freundschaftlicher Art sein. • Es besteht eine starke Verbindung, die in ihrer Intensität veränderlich oder fluktuierend sein kann, je nach dem Grad der persönlichen Entwicklung. • Die Beziehung hilft Ihnen, unterstützt Sie und spendet Trost. Sie kann nichtsdestoweniger starke Schattenseiten hervorkehren und Sie leiden lassen. Schuld wird abgetragen und neue entsteht. • Die Beziehung erteilt Ihnen eine kräftige Lektion oder zieht eine Veränderung in Ihrer Lebensweise nach sich. • Fast alle früheren Leben wurden gemeinsam verbracht. Die Reminiszenzen und karmischen Eindrücke durchziehen die Beziehung, sind aber nicht unbedingt traumatisch. • Ihre Wege mögen sich trennen, ohne dass dies langfristig auf Ihren Alltag Auswirkungen hätte. • Die Beziehung unterstützt Sie im Alltag und ist auf der persönlichen Ebene hilfreich.	• Wie bei den Seelenverwandten entsteht ein tiefes karmisches Band mit einer unmittelbaren Verbindung, aber: • Die Beziehung ist eine sehr tiefe Liebesbeziehung. Diese Liebe ist unvergleichlich und macht einen fast verrückt. • Es besteht eine unveränderliche Verbindung, bei der weder Entfernung, Zeit noch Ereignisse irgendeine Rolle spielen. • Die Beziehung bringt alles zutiefst ins Wanken und treibt einen in die Enge. Sie legt Schmerzen, Verletzungen und Traumata offen und lässt sie an die Oberfläche steigen, damit es zu einer Evolution kommen kann. • Bindungen an frühere gemeinsame Leben sind möglich, aber nicht unbedingt notwendig. Diese Erinnerungen sind traumatisch und energetisch belastet. • Die Beziehung ist unzerstörbar, und es ist beiden ungeachtet der Zeit nicht möglich, zu etwas anderem überzugehen. • Die Beziehung drängt Sie dazu, sich spirituell weiterzuentwickeln und das Ziel einer Erhöhung des kollektiven Bewusstseins zu verfolgen.

Die Bedeutung von Zwillingsflammen

Der Weg der Zwillingsflammen hat ein Hauptziel: die Vereinigung. Die Vereinigung der Flammen ist die Vereinigung zweier Körper, die mithilfe des Göttlichen an einem Ort der Liebe, des Glücks, der Harmonie und des Friedens verschmelzen, um eine einzige Wesenheit zu bilden. Die Vereinigung der Zwillingsflammen ist das Paradies auf Erden. Sie ist die größte und tiefste Seelenverbindung, die ein menschliches Wesen erfahren kann. Sie ist die Schöpfung von etwas, das größer ist als die einfache Dualität; sie ist das Zutagetreten einer dritten Energie: der Teilhabe. Sie ist die letztliche Vereinigung von Geist und Verankerung. Durch die Vereinigung wird ein heiliger Raum geschaffen, damit die Einheit in ihrer Allmacht hervortreten und sich offenbaren kann.

Doch die Vereinigung ist nicht das Ende der Reise. Sie ist lediglich die erste Etappe, um neue Zeile anzuvisieren.

Alle Zwillingsflammen, die ihre Vereinigung vollzogen haben, erhöhen das Schwingungsniveau des Planeten. Sie tragen zu einer Anhebung der globalen Energie bei, damit die Menschheit zu neuen Horizonten und höheren spirituellen Lehren geführt werden kann.

Mir ist aufgefallen, dass ich im Laufe der Jahre mehr und mehr Paare empfange, die Zwillingsflammen sind. Diese Inkarnation wird heute sehr viel häufiger gewählt als noch in der Generation unserer Großeltern oder noch früher. Der Weg der Zwillingsflammen hat sich von einer außergewöhnlichen Entscheidung zu einem Engagement zahlreicher Lichtseelen entwickelt, die bereit sind, sich der Herausforderung zu stellen, der Menschheit zu helfen.

Außerdem sehe ich in diesen Beziehungen von Zwillingsflammen immer mehr Paare, denen es gelungen ist, zur Vereinigung zu gelangen. Diese Paare sind in vollkommener Harmonie und wirken für das Göttliche. Ihre hohe Schwingungsfrequenz erhöht die globale Frequenz der Menschheit und beschleunigt den Übergang in ein neues Zeitalter.

Diese Beobachtung hängt mit den zahlreichen Ereignissen zusammen, die einen starken Einfluss auf die Schwingungsfrequenz haben: Pandemien, Naturkatastrophen, aber auch Veränderungen von mentalen Einstellungen, die Rückkehr der ganzheitlichen Medizin, das Auftreten von sozialen, humanitären und solidarischen Bewegungen, eine größere Öffnung für die anderen und Sensibilisierung für Ungerechtigkeiten … Wir treten in eine neue spirituelle Ära ein und erleben eine Erhöhung des Bewusstseins. Die Zwillingsflammen-Paare tragen auf ihre Weise dazu bei.

Falsche Zwillingsflammen und toxische Beziehungen

Eine falsche Zwillingsflamme ist wie ein Realität gewordener Traum: Da ist eine intensive Verbindung, die aber nicht authentisch ist. Die falsche Zwillingsflamme wird der echten ähneln und handeln, als sei sie eine echte Zwillingsflamme – mit dem einzigen Unterschied, dass sie das Schiff bei der ersten Schwierigkeit verlässt.

In jeder Zwillingsflammen-Beziehung gibt es im Prinzip tatsächlich zwei Rollen: den Runner und den Chaser. Diese Rollen sind aber austauschbar, wie ich weiter oben bereits ausgeführt habe. Manchmal verfolgen Sie die andere Person, und zu anderen Zeiten sind Sie diejenige, die verfolgt wird. In einer falschen Zwillingsflammen-Beziehung werden Sie jedoch immer Ihren Partner verfolgen, auf der Suche nach Zeit mit ihm und Aufmerksamkeit. Diese permanente Suche laugt Sie aus und macht Sie unglücklich.

Eine falsche Zwillingsflamme ist wie ein Parasit; sie nährt sich von Ihren positiven Energien. Sie beschert Ihnen mentales Unwohlsein und Leiden. Sie wird versuchen, Ihre Persönlichkeit absichtlich einzufangen, und Ihnen dann Ihre Schwächen vorhalten, damit Sie leichter manipulierbar sind. Sie sehen sich mit Ihren eigenen Ängsten konfrontiert, ohne überhaupt zu begreifen, weshalb. Das wird auch Ihr Selbstvertrauen beeinflussen, und Sie fangen an, daran zu zweifeln, wer Sie sind. Eine meiner Klientinnen, die mich wegen einer »vermeintlichen« Zwillingsflamme konsultierte, erzählte mir, ihre Flamme ziehe ständig über ihr Gewicht und ihren Körper her und sie habe aufgrund vieler Diäten jegliche Motivation verloren. Hier haben wir es offensichtlich nicht mit einer Zwillingsflammen-Beziehung zu tun, sondern mit einer missbräuchlichen Beziehung.

Die Verbindung mit Ihrer Zwillingsflamme ist so etwas wie die höchste karmische Beziehung. Zusammen wird es Ihnen besser gehen, Sie gewinnen miteinander und werden eine Art spirituelle Glückseligkeit erleben, die Ihre innere Freude nährt.

Die Beziehung zu einer falschen Zwillingsflamme hingegen ist verheerend. Hat die falsche Zwillingsflamme einmal bekommen, was sie wollte, wird sie, ohne zu zaudern, auf Distanz gehen. Sie wird nicht aufhören, Ihre Fähigkeiten anzuzweifeln, und wird ihren eigenen Mangel an Engagement in der Paarbeziehung damit rechtfertigen. Ich muss Ihnen nicht sagen, dass sie Ihnen vage Fingerzeige gibt und Sie so veranlasst, all Ihre Überzeugungen und Grenzen vollkommen infrage zu stellen. Sie werden im Kreis laufen und sich selbst die Schuld geben. Sie akzeptieren Dinge, bei denen Sie das niemals für möglich gehalten hätten, und Ihre Grenzen verschwimmen. In Gesellschaft einer falschen Zwillingsflamme fühlen Sie sich nicht wert, geliebt zu werden. Sie unterstützt Sie nur, wenn ihr gerade danach ist, und Ihr Selbstwertgefühl ist am Boden.

Mit Ihrer Zwillingsflamme hingegen überwinden Sie alle karmischen Blockaden und gehen weit über das hinaus, was Sie für möglich gehalten haben. Sie hören nicht auf, mehr über sich selbst zu lernen. Die Reise zu einer höheren Ebene ist nicht einfach. Sie müssen Ihre Seele läutern und sich allen karmischen Gepäcks entledigen, bevor Sie die Erleuchtung und einen spirituellen Aufstieg erfahren können, doch Sie fühlen sich gut gewappnet, um sich auf dieses Abenteuer einzulassen.

Eine falsche Zwillingsflammen-Verbindung wird Sie immer daran hindern, diesen Aspekt zu erkennen. Jede Interaktion mit einer falschen Zwillingsflamme wird Sie vielmehr an Ihren Schmerz und Ihre Alltagsprobleme denken lassen. Sie werden dermaßen angsterfüllt, dass Sie keine Kraft mehr haben, eine Lösung zu finden. Sie sind in Projektionen und Wahrscheinlichkeiten gefangen, stellen sich tausend Fragen und versuchen so sehr, die Scherben Ihres gebrochenen Herzens zusammenzukitten, dass Sie keinen Raum mehr für den gegenwärtigen Moment haben.

Eine falsche Zwillingsflamme zögert ständig, sich wirklich auf die Beziehung einzulassen. Da ihre Seele sich niemals wirklich verbindet, zieht sie es vor, bei Halbheiten zu verbleiben. Eine meiner Klientinnen blieb zehn Jahre in einer Beziehung, die sie für eine Zwillingsflammen-Beziehung hielt. Während dieser zehn Jahre erfuhr die Partnerschaft keinerlei Wendung, bestand aus ständigem Hin und Her und war infolgedessen für meine Klientin sehr leidvoll. Während dieser zehn Jahre war keinerlei Entwicklung festzustellen, im Gegenteil, diese Frau litt weiter, ohne dass es ihr gelang, in ihrem Leben voranzukommen. Das Paar steckte ohne konstruktive Zukunftsperspektive im selben Stadium fest.

Eine echte Zwillingsflammen-Beziehung treibt uns dazu an, an unseren Verletzungen zu arbeiten, aber sie zerstört uns nicht.

Im Übrigen ist eine falsche Zwillingsflamme fast nie in Reichweite, wenn Sie sie wirklich brauchen. Sie wird Ihnen die unglaublichsten oder sogar dümmsten Entschuldigungen dafür nennen. Sie schenkt Ihnen ihre Hilfe nicht dann, wenn Sie es brauchen, sondern nur, wenn ihr danach ist (und es ihrem Ego schmeichelt). Sie bilden nicht den Hauptfaktor in der Gleichung.

Abschließend sei gesagt, dass ein sehr wichtiges Merkmal einer wahren Zwillingsflamme ihre Unterstützung im Sinne einer bedingungslosen Liebe ist. Eine falsche Zwillingsflamme kann den Anschein erwecken, Sie zutiefst zu lieben, aber Sie werden schon bald feststellen, dass ihre Liebe an viele Bedingungen geknüpft ist. »Ich liebe dich, wenn du tust, was ich will«, könnte das Credo einer falschen Zwillingsflammen-Beziehung lauten.

Eine falsche Zwillingsflamme: Was können wir von ihr lernen?

Es ist selten, auf Anhieb eine vollkommene Beziehung mit einer seelenverwandten Person oder sogar einer echten Zwillingsflamme zu finden. Das bedeutet, dass viele eine toxische Beziehung für eine Zwillingsflammen-Beziehung halten. Was können wir aus einer solchen Beziehung lernen?

Zuerst einmal erlaubt Ihnen die Erfahrung, in einer toxischen Beziehung gelebt und die Grenzen der Liebe erfahren zu haben, zu begreifen, was Liebe nicht ist. Das ist bereits ein guter Anfang, um zu erkennen, was für zukünftige Beziehungen förderlich ist. Sie werden sich dadurch Ihrer Grenzen stärker bewusst – dessen, was Sie akzeptieren können oder ablehnen sollten.

Ein anderer, nicht minder wichtiger Punkt: Sobald Sie eine Beziehung mit einer falschen Zwillingsflamme hinter sich gelassen haben, begreifen Sie die Bedeutung eines zielgerichteten Lebens und wertschätzen Ihre Fähigkeiten. Sie kultivieren Ihren inneren Garten und lassen Ihre Liebe zu sich selbst wachsen.

Kann eine falsche Zwillingsflamme zu einer echten werden?

Die Antwort ist Nein. Manchmal ist der Geist einer Person dermaßen von einer falschen Zwillingsflamme besessen, dass sie sich weigert, die Realität zu erkennen. Selbst wenn sie beginnt, die falsche Zwillingsflamme zu durchschauen, zieht sie es vor, dies zu ignorieren. Das ist eine natürliche Neigung, aus der heraus sie absichtlich vermeidet, die bittere Wahrheit anzuerkennen – in der Hoffnung, dass sich die Beziehung eines Tages bessern wird.

Unglücklicherweise führt dies zu einer Anhäufung von emotionaler Not und schädigt Ihre mentale Gesundheit. Sie werden mit einer falschen Zwillingsflamme niemals in Frieden leben. Das einzige Mittel, damit es Ihnen besser geht und Sie eine wahre und gegenseitige Liebe leben können, ist, sich von dieser Person zu trennen.

Wenn Sie sich nicht in der Lage fühlen, sich aus dieser Beziehung zu lösen, dann suchen Sie professionelle Hilfe bei auf toxische und/oder missbräuchliche Beziehungen spezialisierten Therapeuten.

Die Sexualität der Zwillingsflammen

Um wirklich von der Sexualität auf dem Weg der Zwillingsflammen sprechen zu können, müssen wir von dieser Sexualität in der physischen wie auch in der energetischen Wirklichkeit sprechen.

Tatsächlich funktionieren die sexuelle Energie und die spirituelle Energie genau auf die gleiche Weise, denn sie sind genau dasselbe! Während der sexuellen Erfahrung entsteht zwischen den Wesen eine Übertragung. Es ergibt sich eine Verbindung mit einem anderen Individuum, aber auch mit dem Göttlichen.

Es ist einleuchtend: Die sexuellen Beziehungen mit Ihrer Zwillingsflamme sind aus dem einfachen und guten Grund einzigartig, dass sie der Seele wieder die Gelegenheit geben, ihre Ganzheit für einen Augenblick wiederzufinden. Dieses Gefühl ist berauschend und wundervoll. Es ist ein Augenblick, in dem das Körperliche und das Spirituelle sich vereinigen und in einem Zustand der Ekstase miteinander verschmelzen.

Dieses Gefühl ist mit dem eines Yogis vergleichbar, der das Nirwana erfährt oder Erfahrungen spirituellen Erwachens erlebt. Ist die heilige Vereinigung einmal vollzogen, wird die Bindung niemals mehr gebrochen.

Jedes Paar hat die Möglichkeit, sich in seinem Sexualleben zu entfalten und zu einer bewussten Sexualität zu gelangen, die nicht im Streben nach der unmittelbaren Befriedigung eines individuellen Bedürfnisses liegt (das kann ein physisches, aber auch emotionales, manchmal sogar ein materielles Bedürfnis sein). Für ein Zwillingsflammen-Paar ist diese heilige Vereinigung kategorisch.

Das erste Mal ist unglaublich, denn es ist so, als würden Sie sich schon ewig kennen. Je öfter sich die sexuelle Erfahrung wiederholt, desto befriedigender ist sie. Sie ist ein Brunnen der Freude, der niemals versiegt.

Zwillingsflammen erheben die Liebe auf andere Verständnisebenen. Sie teilen eine einzigartige spirituelle Verbindung, zu der gelegentlich auch das gehören kann, was man Telepathie nennt. Sie spüren, was im anderen vor sich geht. Diese Telepathie wird ebenfalls genutzt, wenn sie einen Augenblick der Liebe miteinander teilen möchten. Die Gesten werden vollkommen und passen sich auf instinktive Weise der Lust und dem Verlangen des Partners an. Das ist auch einer der Gründe, weshalb ihre Sexualität so heilig ist. Es wird ein meisterhaftes Gleichgewicht zwischen Egoismus und der Hingabe seiner selbst, zwischen Schnelligkeit und Langsamkeit erreicht, damit alle beide die größte Lust erfahren und sich vollkommen hingeben können.

Der Liebesakt ist nicht nur eine Befriedigung der Sinne, er wird auch zu einem neuen Weg der Intimität mit dem anderen, der Integration der Triade Körper, Geist und Seele und der Annäherung an das Göttliche. Er vermittelt einen Einblick in die letztliche Vereinigung.

Ein Teil des Wegs der Zwillingsflammen betrifft die Transformation von Verletzungen. Er nimmt seinen Anfang während der Phase der Trennung und findet normalerweise sein Ende bei der Vereinigung. Der intensive energetische Austausch, zu dem es während des Liebesaktes plötzlich kommt, trägt auf unbewusster und energetischer Ebene zu dieser Transformation bei. Es handelt sich dabei um eine Übertragung von mächtiger Heilenergie, die auf diesem Weg notwendig ist.

Beachten Sie, dass die heilige Vereinigung, selbst wenn sie nicht zwangsläufig am Anfang der Beziehung auftritt, für den Weg essenziell ist. Eine platonische Beziehung gestattet keine Wiedervereinigung, die sich auf allen physischen Ebenen zeigen muss. Dem Liebesakt wird immer von beiden Flammen zugestimmt, und er ist gewünscht.

DIE SIEBEN ALCHEMISTISCHEN STUFEN

Die Alchemie ist eine nur wenigen bekannte esoterische Wissenschaft, die auf der äußeren Ebene daran arbeitet, weniger edle Materialien in etwas Höherwertiges zu verwandeln. Es ist das Große Werk, die Verwirklichung des Steins der Weisen, Blei zu Gold zu transformieren. Wenn man das »schnöde« Metall extremen Temperaturen aussetzt, steigen die Schlacken oder Unreinheiten an die Oberfläche. Dort können sie abgeschöpft werden, damit nur die reine, »edle« Substanz übrig bleibt: das Gold.

Das ist auch genau das, was im Verlauf der Entwicklung von Zwillingsflammen passiert. Ihre Flamme dient Ihnen als Spiegel, der alles zeigt und offenbart, was sich in Ihrem tiefsten Inneren verbirgt.

Durch diese Beziehung treten die Illusionen Ihrer unbewussten kollektiven, althergebrachten und karmischen Programmierungen an die Oberfläche. Sie stellen Hindernisse für die Liebe dar und spalten Sie von Ihrer eigenen göttlichen und schöpferischen Kraft ab.

Zu Verwirrung kommt es gelegentlich, wenn wir glauben, dass das Hauptziel dieser Beziehung in dem Vermögen liege, eine noch nie da gewesene Liebes- und Paarerfahrung zu leben – getreu unseren typischen romantischen Vorstellungen. Das aber stellt niemals das Ziel an sich dar, wenn es auch häufig eine von dem Prozess untrennbare Konsequenz ist.

Ihre Zwillingsflamme ist ein Alchemist, ein Katalysator für tiefe Veränderung, ganz gleich, welche Form Ihre Beziehung hat. Es liegt in der Natur dieser Beziehung, dass Ihre inneren Ungereimtheiten an die Oberfläche steigen. Eine nach der anderen muss verbrannt werden, damit Sie besser das verkörpern können, was Sie in Ihrer totalen Ganzheit wirklich sind.

Im Lauf meiner Arbeit mit Zwillingsflammen sind mir bestimmte Schlüsselstufen auf deren Weg aufgefallen, die charakteristische Gemeinsamkeiten aufweisen. Ich habe sieben gezählt, die heilige Zahl par excellence. Nichtsdestotrotz sollten Sie wissen, dass Sie die Stufen in einem langsamen oder schnellen Rhythmus, vorwärts oder rückwärts angehen können und dabei gelegentlich auch einige Stufen überspringen oder eine Stufe nach der anderen nehmen können. Was ich Ihnen dazu mitteile, sind lediglich Fingerzeige und keineswegs feststehende Regeln.

Erste Stufe: Die Suche (Kalzination)

Dies ist eine oft vergessene, aber äußerst wichtige Stufe, denn die Suche beinhaltet ein starkes Gefühl der Sehnsucht und ein ausgeprägtes Bewusstsein dafür, dass in Ihrem

Leben etwas fehlt. Sie verzweifeln an Beziehungen, denen es an Tiefe mangelt, oder reihen im Gegenteil ohne Unterlass eine Beziehung an die andere.

Selbst wenn Sie niemals zuvor an eine Zwillingsflamme gedacht haben, ist dies das Stadium, in dem Sie daran zu glauben beginnen, dass es irgendwo wirklich jemanden für Sie gibt. Dass es »mehr« gibt als nur das, was Sie bislang erlebten.

Aller Wahrscheinlichkeit nach zweifeln Sie am Anfang an diesem Gefühl. Sie sind sich nicht sicher, was Sie damit anfangen sollen. Aber tief in Ihrem Inneren wird es Ihnen unmöglich sein, die Überzeugung, dass Sie »dem oder der Einen und Einzigartigen« begegnen werden, ins Wanken zu bringen. Das Universum bereitet Ihr Unterbewusstsein auf die Begegnung vor.

Vielleicht beschließen Sie, über die Richtigkeit Ihrer früheren Beziehungen nachzudenken. Sie finden sie sinnentleert, sogar dann, wenn Ihre Partnerschaft stabil ist.

Dies ist die Phase der Kalzination, in der die *materia prima* (der Urstoff, unser Bewusstsein und unsere Person) einem sie verzehrenden Feuer unterworfen wird (was durch das Verlangen nach mehr repräsentiert wird und durch das Bewusstsein, dass es dieses Mehr gibt).

Dies ist der Anfang des Prozesses, der vom schweren Blei des Egos zum goldenen Bewusstsein führt, der Beginn der Alchemie der Seele. Die Kalzination ist im Allgemeinen ein natürlicher Prozess der Demütigung, währenddessen wir allmählich die Prüfungen und Drangsale des Lebens bewältigen. Es kann sich dabei um ein absichtliches Zurücklassen dessen handeln, was wir durch Innenschau und Selbstanalyse als sinnlos erkennen. Sobald der Prozess einmal in Gang gesetzt worden ist, steht die Begegnung mit Ihrer Zwillingsflamme meist unmittelbar bevor, wie auch immer die Dynamik beschaffen ist.

Zweite Stufe: Die Begegnung (Auflösung)

Diese zweite Etappe ist jene, in der sich die Flammen körperlich begegnen. Das Bewusstwerden Ihrer Kompatibilität erschüttert Sie mit voller Wucht.

Im Allgemeinen handelt es sich um eine Zufallsbegegnung voller Koinzidenzen und kleiner Zeichen, die darauf hinweisen, dass es Ihnen bestimmt war, sich zu begegnen. Manchmal werden Sie nicht lange zusammen sein, aber bereits ein kurzer Kontakt genügt, um Sie wissen zu lassen, dass da etwas Besonderes geschieht.

Bitte beachten Sie, dass sich diese Begegnung auch im Traum ereignen kann – Sie »sehen« Ihre Flamme bereits als Traumbild, bevor Sie ihr im echten Leben begegnen. Auf welche Weise auch immer Sie sich begegnen, Sie werden von der Intensität der Verbindung, die Sie verspüren, überwältigt sein. Manchmal ist sogar von körperlichen Empfindungen wie elektrischen Strömen, Herzrasen oder Schwindelgefühlen die Rede. All dies ist vollkommen normal und erklärt sich aus der energetischen Wiederverbindung der beiden Teile Ihrer Seele.

Eine starke körperliche Anziehungskraft zieht Sie zu dieser Person hin. Es ist durchaus möglich, dass Ihre Flamme überhaupt nicht Ihren Schönheitsidealen entspricht. Aber ein Ich-weiß-nicht-was zieht Sie unwiderstehlich an.

Nach der ersten Begegnung hören Sie nicht auf, an diese Person zu denken. Ohne es zu wollen, hören Sie ihren Namen, oder Sie empfangen Zeichen, die Sie erneut auf diese erste Begegnung hinweisen. Der Vorname der Person wird im Fernsehen oder von Passanten ausgesprochen, die auf der Straße an Ihnen vorübergehen. Es kommt Ihnen so vor, als sähen Sie die Person an der Kasse in einem Supermarkt. Es ist, als hätte sich das Universum verschworen, Sie daran zu hindern, die Begegnung zu vergessen. Sie verlieren den Verstand!

Der Prozess der Auflösung bedingt einen Zerfall künstlicher Strukturen Ihrer Psyche, während sie vollkommen in das Unbewusste und karmische Erinnerungen eintaucht. Die von Ihrem Bewusstsein noch nicht anerkannten Teile tauchen in Form von Träumen, Stimmen, Visionen und seltsamen Gefühlen auf und offenbaren eine weniger geordnete und weniger rationale Welt, die offenbar neben Ihrem Alltag existiert.

In diesem Stadium werden Sie sich bewusst, dass Ihre Transformation unmittelbar bevorsteht, und Sie beginnen, sich diesem Gefühl hinzugeben. Sie setzen damit eine Schulung in Gang, die Ihrem Geist beibringen soll, die Kontrolle über Ihre Lebenssituationen und das Bedürfnis, alles mit dem Verstand zu analysieren, loszulassen.

Dritte Stufe: Das Paar (Konjunktion)

Sie sind ein Paar und haben den Eindruck, sich im Paradies zu befinden. Sie verstehen sich ohne Worte. Es ist wunderbar, und Sie haben sich niemals zuvor so lebendig gefühlt.

Ihre Situation ist in jeder Hinsicht ein Umbruch. Sie finden zahlreiche Gemeinsamkeiten und erleben unvergessliche Augenblicke. Die andere Person beschäftigt all Ihre Gedanken und mobilisiert all Ihre Energie.

Ihre Angehörigen sind entzückt; sie erkennen ein Licht in Ihnen, das sie noch nie zuvor gesehen haben. Und auch Sie selbst fühlen sich ganz anders. Die Welt lächelt Ihnen zu, und Ihr Leben scheint sich zu verwandeln. Das Gefühl von Zeit ist verloren gegangen, als wäre die Welt angehalten.

Diese Periode in Ihrem Leben ist die schönste, die Sie sich vorstellen können. Mit Ihrer Flamme befinden Sie sich in einem ekstatischen Zustand. Diese Liebe ist mit nichts zu vergleichen, was Sie zuvor erlebt haben. Sie sind Sie selbst. Ohne Grenzen, ohne Maske.

In diesem Stadium stellen Sie sich vor und planen, wie Ihre Zukunft aussehen könnte, und Sie bemerken, in welch vollkommenem Maß diese Person Ihnen entspricht. Sie streben nach den gleichen Zielen und überraschen sich damit, haufenweise Pläne zu schmieden.

Dies ist die alchemistische Stufe der Konjunktion, in der sich die Egos vermischen und es keine Unterscheidung mehr zwischen den beiden Wesen gibt. Doch da das Metall des Bewusstseins immer noch schwer ist, ist diese Konjunktion leider nicht vollkommen.

Vierte Stufe: Die Krise (Verwesung)

Ihre Einsatzbereitschaft als Paar erlaubt es, dass Ihre jeweiligen individuellen, noch nicht bearbeiteten Themen hervortreten. Im Wirbel der Beziehung beginnen die Egos aufeinanderzuprallen. Das Paar-Sein nimmt einfach zu großen Raum ein, und die Angst, als Individuum zu verschwinden, wird wach.

Missverständnisse werden extrem intensiv erlebt. Sie akzeptieren nicht, dass Ihre Flamme anders als durch Sie existieren kann. Der Streit zwischen Zwillingsflammen ist schrecklich schmerzhaft und lässt die Schatten umso größer zutage treten.

Wenn die Flammen ihre eigenen tiefen Verletzungen nicht zu klären vermögen und mit einschränkenden Verhaltensweisen und engen Überzeugungen auf den anderen reagieren, wird die Beziehung zu einem Zerrspiegel.

Wenn beide erwarten, der jeweils andere möge alles heilen, was wehtut, wird die Beziehung bald von Bedingungen, emotionaler Abhängigkeit und Beschränkungen geprägt sein. Schnell tut sich ein Graben auf, und eine Trennung ist unausweichlich.

Eine Trennung von Zwillingsflammen ist in keiner Weise vergleichbar mit der eines klassischen Paares. Sie ist herzzerreißend, und beide Flammen haben den Eindruck, dass ihre Welt in tausend Stücke zerbricht. Die Trennung ist unerträglich, aber notwendig für die Vollendung des Weges. Sie stellt die heikelste Etappe dar.

Nach den ersten Stadien hinreißender und magischer Liebe ist nun der Krieg der Egos entfacht. Tiefste Verletzungen, Unsicherheiten, viel Unlogisches und Traumata treten an die Oberfläche. Ihre Flamme lässt das Schlimmste in Ihnen zutage treten. Sie erfahren eine durch und durch leidvolle Beziehung, eine Art Liebesstörung, Sie erfahren Schmerz.

Es ist ein Schock. Nach der anfänglichen Euphorie und der daraus resultierenden unabänderlich scheinenden Verbundenheit hat sich das irdische Paradies sehr schnell in eine lodernde Hölle verwandelt. Es ist allerdings einfach die Rückseite derselben Medaille.

Im Allgemeinen wird das weibliche Prinzip in die dunkle Nacht der Seele (die ich weiter unten ansprechen werde) gestürzt, während das männliche Prinzip die Situation zu ignorieren scheint. Die Trennung dauert im Allgemeinen mehrere Monate, manchmal sogar einige Jahre an. Erst wenn beide Flammen die Arbeit der Integration geleistet haben, ist die Wiedervereinigung möglich.

Rufen Sie sich ins Gedächtnis, dass das Ziel der Zwillingsflammen-Beziehung darin besteht, das Ich zu transzendieren, eins zu werden und etwas Außergewöhnliches für andere zu schaffen. Dies verlangt eine völlige Auslöschung der Egobarrieren und das Ende von einschränkenden Ängsten und Überzeugungen. Es ist zugleich das Vermögen, auf bedingungslose Weise zu lieben.

Das bedeutet, dass man sich selbst liebt und diese Liebe zusammen mit der anderen Person ausstrahlt. Es ist eine Liebe ohne Angst, ohne den Wunsch, den anderen nach den eigenen Ansichten, der eigenen Erziehung oder den eigenen Lebensanschauungen zu verändern.

Infolgedessen ist diese Trennung, auch wenn sie schwierig ist, nicht unüberwindbar. Ihre Flamme wird Ihnen genau zeigen, woran Sie arbeiten müssen, um sich selbst transformieren zu können. Sie wird Ihnen Ihre Schattenanteile ungefiltert widerspiegeln, ebenso Ihre Brüche und die Lügen, die Sie sich selbst erzählen.

Der Zorn, den Sie Ihrer Flamme gegenüber empfinden können, ist genau der, den Sie sich selbst gegenüber haben. Sie sind wütend auf Ihre Angst davor, Ihre Komfortzone zu verlassen, wütend auf Ihr Ego, für das der Wandel einem Tod gleichkommt. Doch Ihr Ego beschützt Sie, seien Sie ihm deshalb nicht böse.

Ihre Beziehung stellt ein Vergrößerungsglas dar, das zeigt, inwieweit Sie Ihre tiefen Verletzungen bearbeiten und ob Sie mit beschränkten Verhaltensweisen und engen Überzeugungen auf Ihre Flamme reagieren. Während Sie darauf warten, dass sie Ihre Verletzungen heilt, knüpfen Sie Bedingungen an Ihre Liebe.

Es ist nicht möglich, jemand anderem bedingungslose Liebe entgegenzubringen, solange man keine bedingungslose Liebe zu sich selbst empfindet! Deshalb blockieren sich viele Zwillingsflammen in diesem Stadium von Unsicherheit und Selbsthass und sind nicht in der Lage, das zu überwinden, was ihnen so sehr wehtut.

In der alchemistischen Allegorie wird die Trennung mit der Verwesung verbunden. Diese Etappe auf dem Weg der Zwillingsflammen beschließt die »Schwärze« (*nigredo*).[2] Dies ist die Periode, die das Ich den dunklen Kräften näher bringt. Es ist eine Begegnung mit dem Schatten in all seinen Formen, der *materia prima*. Und diese Schwärze (man spricht eben auch von der dunklen Nacht der Seele) enthält die Zutaten des alchemistischen Werks.

In der alchemistischen Tradition heißt es, Merkur (Wasser) müsse Saturn (Erde, Blei) erlösen. Saturn ist in der Tat der physische Körper, der Merkur an sich zieht und zurückhält: Die Lebenskraft wird durch das Gewicht des erstarrten Egos gehemmt. Dies ist das Bild eines Individuums, das nicht erwacht ist, ein Gefangener seiner selbst und seiner einschränkenden Gedanken. Konkret gesagt besteht die Schwärze aus einem Loslassen: Das Bewusstsein befreit sich von der Individualität, um den anderen empfangen zu können.

Fünfte Stufe: Das Rennen (Spiritualisierung)

Welche Form auch immer die Krisenphase annehmen mag, sie wird immer von einer Phase des Rennens oder einer Verfolgung abgelöst. Es ist die Etappe von »Katz und Maus«, die die Flammen abwechselnd füreinander darstellen.

Sie äußert sich, indem sich eine Zwillingsflamme entfernt, der Runner, der oft Angst davor hat, sich dem Grad an Intimität und der Arbeit an sich selbst, welche die Beziehung mit sich bringt, zu stellen. Die Flamme, die diese Dynamik aufweist, fühlt sich von der Beziehung angegriffen, unterdrückt, um nicht zu sagen, vom Partner angewidert, ohne jedoch in der Lage zu sein, den Kontakt völlig abzubrechen. Die Flamme kann sich in der Verweigerung befinden. Sie kann abstreiten, Gefühle zu haben, und den Kontakt zu anderen Menschen suchen, die ihre Sicht der Dinge bestätigen.

Die andere Flamme, der Chaser, sucht hingegen um jeden Preis den Kontakt, wobei sie oft Kompromisse hinsichtlich ihrer Würde und ihrer Grenzen eingeht. Der Chaser erkennt weder seine eigene Gewalttätigkeit noch sein ungerechtes Verhalten gegenüber dem Runner, der seinerseits nicht begreift, warum er nicht wirklich Ja zur Beziehung sagen kann und zugleich unfähig ist, sie ein für alle Mal zu verlassen.

Ich betone noch einmal, dass dies kein feststehendes Schema ist, sondern vielmehr eine Dynamik repräsentiert, in der sich die Rollen je nach dem inneren Zustand der zwei als Paar Agierenden abwechseln.

Diese Etappe findet kein Ende, solange die beiden Flammen nicht aufhören, zu flüchten oder die Beziehung erzwingen zu wollen. Die chaotische Leidenschaft muss wiederholt Niederlagen erleiden. Jede Flamme verspürt das Bedürfnis, sich immer und immer wieder an der anderen zu reiben, mit ihr zusammenzuprallen. Das, was sie erstreben, ist im Wesentlichen die Niederlage. Daher ist es vergeblich zu versuchen, sie zur Vernunft zu bringen oder an ihrer Situation Anteil zu nehmen. Das Feuer der Leidenschaft strebt nach dem, was es auslöscht: Da Flammen nach Transformation streben, zielen sie in dieser Phase auf Konflikt und Leiden ab.

Das Ende dieser Stufe ist häufig dadurch gekennzeichnet, dass beiden Flammen bewusst wird, dass hier Mächte am Werk sind, die sich ihrer Kontrolle entziehen. Sie finden sich damit ab, zu sich selbst zurückzukehren und jede auf ihre Weise die innere Dynamik, die sie antreibt, zu verstehen. Für diese Etappe ist eine stärkere Verbindung zur Spiritualität charakteristisch. Eine Öffnung für das Geistige und das Göttliche gewinnt an Bedeutung und leitet den Geist jeder der beiden Flammen.

Es hat keinen Zweck, diesen Prozess beschleunigen zu wollen, denn er braucht seine Zeit, wie ein in den Boden gepflanzter Samen sich zuerst nach unten verwurzelt, bevor er in den Himmel wächst.

Beide Flammen beginnen das Bedürfnis loszulassen, die Beziehung und den anderen zu kontrollieren. In diesem Kontext besteht das Loslassen nicht darin, auf ihre Verbindung zu verzichten, sondern vielmehr in der Akzeptanz dessen, dass keine von ihnen ihrem Schicksal entgeht. Es kommt zu einer totalen Kapitulation. Die Beziehung steht nicht mehr im Zentrum ihrer Gedanken, und die eine Flamme hat keinen Einfluss mehr auf den inneren Zustand der anderen.

Dies kann durch eine positive Bewusstwerdung geschehen, die beide Flammen zugleich von den früheren Ängsten befreit und es ihnen erlaubt, den gegenwärtigen Augenblick besser zu leben. Sie vertrauen darauf, dass das Universum sie dorthin führen wird, wohin sie gehören. Sie streben nicht mehr danach, den Ausgang der Situation zu kennen, um sie zu kontrollieren und sie auf sicheres Gelände zu leiten.

Indem sie akzeptieren, den anderen zu verlieren, integrieren sie ihre Individualität in ihre Ganzheit. Sie sind nicht mehr »nur eine Hälfte«, sondern ein vollständiges Wesen.

Die einschränkenden Schemata wurden verstanden, und beide Flammen konzentrieren sich auf das, was sie von Natur aus sind. Sie projizieren ihr Bedürfnis nach Heilung nicht mehr auf den anderen. Er hat keinen Einfluss mehr auf sie.

Dies ist eine Wiedereroberung der Selbstliebe. Diese Periode dauert niemals länger als einige Monate. Der Kontakt ist unterbrochen, und es bildet sich Akzeptanz. Jeder ist damit einverstanden, dass sich die Wege trennen, verzichtet aber nicht auf das neuartige spirituelle Erwachen. Jede Flamme trägt auf individuelle Weise zur Erleuchtung anderer bei und wirkt für einen dauerhaften inneren Frieden.

Meist erwachen nicht beide Teile gleichzeitig, und in manchen Fällen kann sich für eine gewisse Zeit eine dritte Energie an den erwachten Anteil binden. Das ist dann der Anfang der dunklen Nacht der Seele für den schlafenden Anteil – der auch nicht mehr lange in diesem Zustand bleiben wird.

Im alchemistischen Prozess wird diese Etappe die Weißung (*albedo*) genannt. Das aus der Schwärzung Gewonnene muss mit dem schöpferischen Wasser gewaschen und gereinigt werden.

Sechste Stufe: Die Vereinigung (Destillation)

Der schlafende Anteil tritt aus seiner dunklen Nacht der Seele heraus und beschließt seinerseits, den erweckten Anteil zu jagen. Diese Begriffe sind allerdings nicht mehr passend, da beide Flammen jetzt zielgerichtet und vollkommen bewusst sind.

Das Wiedersehen kann durch das Universum orchestriert werden, obwohl ich oftmals festgestellt habe, dass das männliche Prinzip die Schritte zur Rückkehr einleitet.

Die Wiedereroberung benötigt Zeit, denn die zuvor als erwacht bezeichnete Flamme hat das Vertrauen verloren. Doch nichts kann den Chaser aufhalten. Er hört nicht auf, um das Herz seiner Zwillingsflamme zu werben und es zurückzuerobern. Auch wenn er dabei Niederlagen erleidet, lässt er sich nicht entmutigen; er scheint einen unerschütterlichen Glauben zu besitzen.

Die zuvor alleinig erwachte Flamme wird sich des Wandels bewusst, zu dem es gekommen ist. Sie verzeiht mit großem Herzen, und die Bewunderung des Chasers kennt keine Grenzen. Er ist bereit, seine Zwillingsflamme zu ehren und ihr mit Hingabe zu dienen.

Beide nehmen wieder Kontakt zueinander auf; anfangs noch schüchtern, dann mit immer stärkerer Intensität. Für das Paar bedeutet dies die Rückkehr zum Glück. Dieses Mal ist die Beziehung nicht von Angst oder Kontrolle gekennzeichnet. Sie ist eine Bezauberung durch Zartheit, Feinfühligkeit, Wohlwollen und Anbetung. Jeder beginnt von Neuem; die erste Ekstase ist zurückgekehrt.

In der Alchemie nennt man dies Destillation. Die beiden Körper haben sich dank der Dämpfe (Geist) getrennt. Sie sind einander gegenübergestellt und überlagern sich, ohne sich zu vermischen, jeder in seiner vollkommenen Reinheit.

Siebte Stufe: Die Verschmelzung – Alchemistische Hochzeit (Koagulation)

Wenn es den Zwillingsflammen gelingt, den schwierigsten Anteilen ihrer Psyche zu trotzen, wird ihre wiedergefundene Energie unausweichlich beide Anteile zu dieser Stufe der Verschmelzung führen. Für manche Paare wird diese Vereinigung physischer Natur sein. Sie lassen sich gemeinsam nieder, gründen eine Familie und so weiter. Manchmal nimmt diese Vereinigung auch ungewöhnlichere Formen an, wie etwa eine intellektuelle Schöpfung, ein Engagement in einer gemeinsamen Sache und Ähnliches.

Unabhängig davon, welche Form die Wiedervereinigung annimmt, wird sie von einem Gefühl des Friedens und von gegenseitiger Akzeptanz und Verständnis getragen. Nach dem Wiedersehen ist die harte Arbeit beendet. Alles, was Sie nun zu tun haben, ist, zu leben und das Gefühl der Vollständigkeit zu genießen, das nur in der Gesellschaft Ihrer Flamme zu finden ist.

Dank der inneren Arbeit, die Sie, jeder für sich, geleistet haben, werden Sie sich auch bewusst, welch unglaubliche Kraft das Universum mittels Ihrer Verbindung in Szene gesetzt hat. Damit tragen Sie nun zur Anhebung des spirituellen Niveaus in Ihrer Umgebung bei. Indem Sie von Ihrer Erfahrung Zeugnis ablegen, teilen Sie auch Ihre grenzenlose Liebe mit Ihrem Umfeld.

Dies ist die Koagulation, die letzte Stufe der Konsolidierung inneren Wissens unter der Leitung des Feuers, also der Energie göttlicher Liebe, die beide Flammen vereint. Der dritte Schöpfungsbegriff ist die Krönung dieser Arbeit und entspricht der Schöpfung des Steins der Weisen. Der Meister-Alchemist hat sein Werk vollendet; er ist in die Einheit zurückgekehrt und kann diese nun multiplizieren. Durch die Transformation seines Geistes in reines Gold kann er nun auf gleiche Weise andere transformieren.

DIE TRENNUNG INS LICHT RÜCKEN

Die Spiegelbeziehung: Projektionen

Der Spiegel ist dieses schreckliche Objekt, das uns unser Bild zurückwirft. Wir fühlen uns dann schön, oder wir halten uns im Gegenteil für viel zu dick, zu hässlich und so weiter. Die Spiegelbeziehung ist daher wie jenes Objekt und konfrontiert uns knallhart mit dem, was wir im tiefsten Inneren sind. Sie sehen im anderen das, was Sie an sich selbst nervt, das, was Ihnen wehtut und Ihnen Angst macht.

Es gibt zweierlei Spiegeleffekte: den positiven und den negativen. In einem positiven Spiegel erkennen Sie beim anderen das, was in Ihnen selbst präsent ist. Das kann angenehm oder unangenehm sein. Sehe ich zum Beispiel meinen Partner als jemanden, der großzügig ist, dann bewirkt der Spiegeleffekt, dass ich meine eigene Großzügigkeit erkenne, die ich als Eigenschaft mit diesem Menschen gemein habe. Wenn ich Egoismus bei meinem Partner entdecke und ein positiver Spiegel aktiv ist, ist es mein eigener Egoismus, den ich erkenne.

Der negative Spiegel hingegen reflektiert das, woran es uns mangelt. Wenn ich das gleiche Beispiel nehme, finde ich meinen Partner egoistisch, weil ich mich selbst wenig wertschätze und es mir nicht gelingt, meine Grenzen zu anderen abzustecken.

In einer Zwillingsflammen-Beziehung wird der Spiegeleffekt noch verstärkt, denn weil der andere genau die Hälfte Ihrer Seele ist, spiegelt er bis zur Perfektion das wider, was Sie selbst zu verbergen suchen. Die Konflikte bekommen daher eine ganz andere Bedeutung: Sie sind nicht nur ein Anzeichen von Meinungsverschiedenheiten oder einander widersprechender Egos, sondern Anteile Ihrer selbst, die Sie projizieren und die die Beziehung ans Licht befördert wie einen Schatten, der nicht aufhört, Ihnen zu folgen. Die Zwillingsflammen-Beziehung wird mehr noch als einfache Mängel Ihre intensivsten und tiefsten Verletzungen und Ängste widerspiegeln.

Projektionen sind Gedankenmuster, die bewirken, dass wir beim anderen Elemente unserer eigenen Geschichte sehen. Wir interpretieren den anderen gemäß unserer eigenen Realität mit unseren eigenen Wünschen und Ängsten.

Wenn negative Projektionen aufgrund von Missverständnissen oder wegen eines Mangels an Informationen auftauchen, kann es sich um ein Wort handeln, das als verletzend empfunden wird, oder um eine Handlungsweise, die Sie wie eine Beleidigung aufnehmen. Der Ausdruck dieser Projektionen nimmt häufig die Form von Vorwürfen an. Selbstverständlich werden diese vom anderen als ungerecht empfunden, und eine Atmosphäre von Misstrauen entsteht. Diese Projektionen lassen den Eindruck entstehen, dass die Kommunikation unterbrochen ist, während es sich vielmehr um ein Gefühl gegenseitigen Nicht-Verstehens handelt.

Diese Projektionen schwächen die Stabilität der Paarbeziehung, weil es sein kann, dass die Vorwürfe nicht aufhören. Perioden von Rückzug wechseln sich mit dem Gefühl von Dankbarkeit ab, wenn es dem anderen gelingt zu beweisen, dass die Projektion nicht stimmt.

Probleme gibt es, wenn eine der beiden Flammen überzeugt ist, dass ihre »Vorwürfe« berechtigt sind. Dies kann durch das Ego motiviert sein oder durch ein Verdrängen der eigenen Geschichte oder der des anderen. Deshalb ist es wichtig, sich der gemeinsamen Realität als Paar bewusst zu werden und Abstand zu den eigenen Emotionen zu gewinnen.

Einige Fragen, die man sich stellen sollte:

Was werfe ich meinem Partner am häufigsten vor? Ist das etwas, das andere mir schon einmal selbst vorgeworfen haben?

Was verletzt mich wirklich an den Worten und den Vorwürfen des Partners? Lässt das Erinnerungen oder traumatische Erfahrungen in mir wach werden?

Habe ich die Gewohnheit, auf defensive und aggressive Weise zu reagieren, wenn man mein Verhalten infrage stellt? Gilt dies für alle Bemerkungen, oder stören mich manche mehr als andere?

Muss ich wirklich angreifen, um mich zu schützen? Was muss ich in Wirklichkeit schützen?

Was will ich am anderen ändern? Gibt es etwas, was ich in mir verändern könnte und was meine Sichtweise verändern würde?

Warum bin ich bereit, alles zu akzeptieren, obwohl der andere mich so schlecht behandelt oder mir aus dem Weg geht? Was bringt mir seine Liebe? Was erwarte ich von der Liebe?

Die Verletzungen der Seele

In ihrem Buch *Heilung der fünf Wunden der Seele*[3] führt Lise Bourbeau aus, dass jeder Mensch in seinem Inneren eine Kombination von fünf Verletzungen der Seele in verschiedenen Graden und Proportionen in sich trägt. Diese Wunden treiben in der Kindheit oder Jugend erste Wurzeln und drängen dazu, im Alltag einschränkende Verhaltensweisen oder Überzeugungen anzunehmen.

Der Autorin zufolge wirken diese Wunden wie Programmierungen und lassen Sie leiden, sei es durch Ihre Handlungen, Ihre Beziehungen mit anderen und insbesondere in Hinsicht auf die Liebe. Gelingt es Ihnen jedoch, Ihre Verletzungen zu überwinden und zu erkennen, wozu diese Sie treiben, so erlaubt Ihnen das, in Frieden wieder ganz Sie selbst zu sein.

Auf dem Zwillingsflammen-Weg ist die Arbeit an diesen Seelenwunden notwendig. Nur sie ermöglicht Ausgewogenheit und Entfaltung in der Paarbeziehung.

Chronologisch sind diese Wunden in der Abfolge ihres Entstehens: Ablehnung, Verlassenwerden, Demütigung, Verrat und Ungerechtigkeit.

Die Wunde der Ablehnung

Ablehnung aktiviert sich zwischen der Geburt und dem ersten Lebensjahr, wenn das Elternteil des gleichen Geschlechts bei dem Kind den Eindruck erweckt, nicht willkommen, akzeptiert, gewünscht oder geliebt zu sein.

Um sich im Erwachsenenalter vor dem erneuten Gefühl der Ablehnung zu schützen, fliehen Sie. Sie verlangen viel von sich, zweifeln an Ihrem inneren Wert und fühlen sich manchmal wie ein Nichts. Sie isolieren sich von anderen, aber meistens fühlen Sie sich einsam.

In der Liebesbeziehung werden Sie beim geringsten Problem fliehen und so tun, als würde diese Hürde nicht existieren. Oder aber Sie werden die Beziehung insgesamt fallen lassen, als hätte sie keinerlei Wert. Dieses Fliehen erschöpft die Beziehung, die schon bald Probleme zuhauf mit sich bringt und dem Partner den Eindruck vermittelt, dass Sie keinerlei Engagement zeigen. Um diese Wunde zu heilen, müssen Sie zuerst einmal lernen, Verantwortung zu übernehmen, und sich um bestimmte Dinge bemühen. Es gilt, für das, was man sich wünscht, zu kämpfen und zu bestätigen, dass man das, was an Gutem eintreten kann, auch verdient.

Die Wunde des Verlassenwerdens

Sie wird zwischen der Geburt und dem dritten Lebensjahr aktiviert, wenn das Elternteil gegensätzlichen Geschlechts bei dem Kind den Eindruck erweckt, ihm nicht genügend Liebe zu geben. Als Kind fühlten Sie sich nicht unterstützt.

Um sich im Erwachsenenalter zu schützen, werden Sie »abhängig«. Sie existieren nur durch andere und tun alles, um deren Aufmerksamkeit und Gunst zu erlangen. Sie haben Schwierigkeiten, Dinge allein zu tun, und streben nach Anerkennung auch für die kleinste Ihrer Taten.

In der Gruppe kann es sein, dass Sie alle Blicke auf sich ziehen wollen. Sie verhalten sich theatralisch, und es kann sogar sein, dass Sie krank werden, weil das eine traumhafte Gelegenheit ist, sämtliche Aufmerksamkeit und Fürsorge all Ihrer Nächsten auf sich zu ziehen.

In der Paarbeziehung lassen Sie Ihrem Partner keinerlei Raum. Sie frönen keinen Leidenschaften mehr und passen sich an alle seine Bedürfnisse an, wobei Sie sich selbst vergessen. Der Partner wird der Sache überdrüssig, weil er den Eindruck gewinnt, mit einer »falschen Person« zusammen zu sein. Er empfindet keine Wertschätzung mehr für Sie.

Um diese Verletzung zu heilen, müssen Sie an Ihrer Autonomie arbeiten, indem Sie allein tätig werden, nur um des Glückes willen, mit sich selbst im Reinen zu sein. Die Bestätigung des eigenen Geschmacks und der eigenen Bedürfnisse muss kultiviert werden.

Die Wunde der Demütigung

Sie aktiviert sich zwischen dem ersten und dem dritten Lebensjahr und wird von dem Elternteil erweckt, der alle Formen körperlicher Lust unterdrückte (meistens die Mutter). Als Kind bekamen Sie den Eindruck, herabgesetzt, kritisiert und mit anderen verglichen zu werden.

Um sich zu schützen, werden Sie im Erwachsenenalter »Masochist«. Sie tun alles, um frei zu sein, aber Sie sind sehr hilfsbereit und erweisen schließlich all Ihren Nächsten Gefallen. Sie sind hypersensibel und haben eine enge Beziehung zu Ihrer Mutter. Sie sind sinnlich und hängen an den Sinnesfreuden, doch Sie zügeln sich, um nicht über die Stränge zu schlagen. Daher entstehen in Ihnen schreckliche Schuldgefühle. Es mangelt Ihnen an Selbstvertrauen.

In einer Liebesbeziehung ersticken Sie, weil Sie das Gefühl haben, zu viel für diese Beziehung zu tun, mit kläglichen Resultaten. Sie mögen das Gefühl haben, dass Ihr Partner Sie ständig niedermacht, und Sie fühlen sich wirklich schlecht.

Um diese Wunde zu heilen, müssen Sie an der Selbstwertschätzung arbeiten und lernen, sich weniger Dinge aufzuladen. Sie müssen außerdem lernen, Nein zu sagen, und aufhören, anderen immerzu einen Gefallen erweisen zu wollen. Hören Sie auf, sich selbst zu geißeln und sich innerlich herabzusetzen.

Die Wunde des Verrats

Sie aktiviert sich zwischen dem zweiten und vierten Lebensjahr. Als Kind bekamen Sie den Eindruck, von Ihren Eltern manipuliert oder verraten worden zu sein. Sie kann auch entstehen, wenn das Elternteil gegensätzlichen Geschlechts das Elternteil gleichen Geschlechts abwertet oder misshandelt.

Um sich zu schützen, werden Sie im Erwachsenenalter »kontrollierend«. Sie streben immer danach, sich besonders und wichtig zu fühlen; sie entwickelten eine starke Persönlichkeit. Sie kontrollieren gern die anderen und Ihre Umgebung. Sie übernehmen selten Verantwortung und haben Probleme, sich auf Ihren Partner einzulassen. Sie können als Verführer oder gar Manipulator auftreten. Sie werden schnell wütend.

In der Paarbeziehung räumen Sie den Meinungen des Partners keinen Platz ein. Sie entscheiden alles, und die Meinung Ihres Partners hat nur selten Gewicht. Sie lassen der Improvisation keinen Raum. Ihr Partner fühlt sich herabgesetzt.

Um diese Wunde zu heilen, gilt es, das Loslassen zu üben und zu lernen, die Wut im Zaum zu halten. Sie müssen zudem lernen, den anderen ihren Platz zuzugestehen und ihre Mängel und das, was Ihnen nicht gefällt, zu akzeptieren. Es gilt, an einer Öffnung des Geistes zu arbeiten.

Die Wunde der Ungerechtigkeit

Sie aktiviert sich zwischen dem vierten und fünften Lebensjahr und wird vom Elternteil gleichen Geschlechts wachgerufen. Das Kind hat den Eindruck, dass dieser Elternteil kalt und unsensibel ist, dass es selbst sich nicht behaupten kann. Die Eltern sind im Allgemeinen autoritär.

Um sich zu schützen, werden Sie im Erwachsenenalter »rigide«. Sie sind extrem anspruchsvoll sich selbst gegenüber; Sie respektieren Ihre eigenen Grenzen nicht. Sie sind ein Optimist: Selbst wenn nichts mehr geht und alles zusammenbricht, erwecken Sie immer noch den Eindruck, dass alles bestens ist. Sie sind permanent in Aktion und selten einfühlsam. Sie haben Schwierigkeiten, um Hilfe zu bitten.

In der Paarbeziehung weigern Sie sich, sich den Konflikten zu stellen, die Ihrer Meinung nach nicht existieren: Ihr

Partner empfindet Sie nicht als Teil der Beziehung und beklagt sich über Ihren Mangel an Gefühlen. Sie gestehen der Beziehung und dem anderen nicht genug Raum zu, während der andere gern mehr Zeit mit Ihnen verbringen möchte. Sie verstehen seinen Kummer nicht, denn Sie haben den Eindruck, enorm viel Energie dafür aufzuwenden, die Beziehung voranzubringen.

Um diese Verletzung zu heilen, müssen Sie lernen, Ihre Gefühle zu erkennen und sie voll und ganz auszuleben. Lernen Sie, Fehler zu akzeptieren und Ihre Verletzlichkeit anzunehmen.

Zur Bindungstheorie

Die Bindungstheorie in Liebesbeziehungen geht auf die Arbeiten von John Bowlby zurück, der den Einfluss des mütterlichen Verhaltens auf das emotionale Verhalten des Kindes untersuchte. Von der frühkindlichen Bindung ausgehend, konnten Psychologen eine Bindungstheorie für Erwachsene, insbesondere für Paare entwickeln. Zwei Dimensionen sind dabei wesentlich: das Angstniveau (von wenig ängstlich bis äußerst ängstlich) und das Vermeiden/Annähern, woraus sich vier Bindungstypen ergeben.

Sichere Bindung (wenig Angst, wenig Vermeidung)

Die dieser Gruppe zugehörigen Menschen haben keine Probleme, ihre Gefühle zu äußern. In der Partnerschaft kommunizieren sie Problematisches und lösen ihre Konflikte. Ihre Beziehungen bestehen relativ lange. Emotionale Nähe und

Intimität werden nicht mit dem Gefühl einer Bedrohung assoziiert. Liebe ist ein Gefühl, das Sicherheit vermittelt, und es gelingt ihnen, sich in den anderen hineinzuversetzen.

Unsicher-vermeidende Bindung (wenig Angst, erhöhtes Vermeiden)

Menschen mit vermeidender Bindung bewahren eine physische oder emotionelle Distanz zu ihrem Partner. Sie möchten ein angenehmes und vertrauensvolles Erscheinungsbild zeigen, das immer positiv, reif und verantwortungsvoll wirkt. Negative Gefühle werden ignoriert.

Dennoch zeigen sie gelegentlich Phasen von Wut oder Depression, die gleichermaßen spektakulär wie plötzlich auftreten, weil ihre Fassade bei Stress schwer aufrechtzuerhalten ist und bröckelt, wenn sich die Emotionen nicht länger zurückhalten lassen.

In der Paarbeziehung werden emotionale Nähe und Intimität schnell als erstickend empfunden, und das Bedürfnis, Distanz zu halten, macht sich rasch bemerkbar.

Unsicher-ambivalente Bindung (große Angst, schwaches Vermeiden)

Menschen, die zu dieser Gruppe gehören, haben starke negative Gefühle. Sie nähren sich im Innern durch äußere Anerkennung. Für sie sind Intimität in der Paarbeziehung und emotionale Nähe notwendig. Sie sind mit einer Art Radar ausgestattet, der die leiseste Spur von Verlassenwerden aufspürt, vor dem sie sich schrecklich fürchten. Die Intimität und das Sein als Paar bilden ihre Priorität.

Desorganisierte Bindung (große Angst, erhöhtes Vermeiden)

Personen mit desorganisierter Bindung sind von großen Frustrationsgefühlen wie Wut und Angst gekennzeichnet. Sie fühlen sich nicht verstanden, lehnen die anderen ab, während sie jedoch das absolute Bedürfnis nach Intimität empfinden.

In der Partnerschaft sind sie cholerisch, aggressiv und flüchten. Die Beziehungen sind chaotisch und vereinigen Aggression und Unterwerfung.

Im Zwillingsflammen-Paar steht das männliche Prinzip im Allgemeinen für die unsicher-vermeidende Bindung, während das weibliche Prinzip eine unsicher-ambivalente Bindung aufweist.

Die Dynamik ist folgendermaßen: Intimität baut sich in Abhängigkeit von den Erfahrungen beider Flammen auf. Zu einem gewissen Zeitpunkt hat der Vermeidende das Gefühl, erstickt zu werden, da ihm die Nähe unerträglich ist, und er zieht sich emotional zurück. Der ängstliche Partner spürt diese Distanz, explodiert in einem Streit, stellt sich selbst infrage und kehrt wieder zurück, wobei er seine Bemühungen, die Beziehung aufrechtzuerhalten, verdoppelt. Der Vermeidende hat damit die Bestätigung, dass die Paarbeziehung unvorhersehbar ist und dass er nicht darauf vertrauen kann. Der ängstliche Teil hingegen ist innerlich davon überzeugt, dass er immer verlassen werden wird, wenn er sich damit begnügt, er selbst zu sein.

Sowohl der ängstliche als auch der vermeidende Partner werden als »unsicher« bezeichnet, denn sie fühlen sich in der Paarbeziehung bedroht. Ihre Bedürfnisse und Ängste sind diametral entgegengesetzt; dennoch können sie sich nicht verlassen, weil sie gegenseitig ihre Unsicherheit verstärken.

Die unsicher-ambivalente Flamme ist im Inneren zutiefst überzeugt, dass ihr Partner ihr Bedürfnis nach Nähe nicht erfüllen kann. Sie fürchtet, dass ihre Liebe nicht mit seiner äquivalent ist, dass sie nicht echt ist oder dass der andere sie verlassen will. Gleichzeitig idealisiert sie die Unabhängigkeit ihres Partners in einem negativen Spiegel; sie beneidet ihn um das, woran es ihr mangelt.

Für die unsicher-vermeidende Flamme entsteht ein Unbehagen, sobald eine zu starke Verbindung beider Partner entsteht. Sie kann sich nicht auf jemand anderen stützen, denn sie hat zu große Angst, enttäuscht zu werden, wie es ihr vielleicht in ihrer Kindheit ergangen ist. Doch in ihrem Inneren hat sie es nötig, dass man wieder Kontakt mit ihr aufnimmt, wenn sie sich entfernt. Das gibt ihr neu Sicherheit und den Eindruck, wichtig zu sein. Doch dieses Verhalten wird einen Menschen mit sicherer oder vermeidender Bindung ermüden. Nur eine unsicher-ambivalente, eine ängstliche Flamme ist in der Lage, immer und immer wieder zurückzukommen.

Diese Dynamik wird niemals aufhören, in einer Endlosschleife ewiger Unzufriedenheit zu kreisen. Jeder wird sich unglücklich fühlen, aber nicht fähig sein, aus diesem repetitiven Schema auszubrechen, das sich mit der Zeit selbst verstärkt. Wie bei den Wunden erlaubt nur eine achtsame Integrationsarbeit eine Harmonisierung in der Paarbeziehung.

Zusammenfassung der wesentlichen Flammentypen

Unsicher-ambivalente Bindung

Dieser Mensch hat eine Wunde mehrheitlichen Verlassenwerdens.

Er sucht den Kontakt und die Nähe in der Beziehung. Intimität und Sich-Einlassen werden an die erste Stelle gestellt. Er möchte den anderen verstehen und seine Geschichte hören.

Die positiven Erinnerungen der Beziehung werden bei Situationen ins Gedächtnis gerufen, wenn sich das Verlassenwerden reaktiviert: Nostalgie oder Idealisierung vergangener Momente.

Er verherrlicht das Verhalten des anderen: Was der tut, ist außerordentlich, großzügig, brillant. Er schmälert sein eigenes Verhalten, es ist »normal«.

Er verfügt über eine extreme Empathie und ist exzessiv mit anderen beschäftigt. Er nimmt die Haltung eines Retters in seinen Beziehungen ein.

Er scannt ständig die Haltungen in seiner Umgebung und zeigt eine große Sensibilität bei emotionalem Rückzug.

Die Angst reguliert sich nicht, wenn sie erst einmal aktiviert ist, das Mentale arbeitet permanent. Es schafft »Katastrophenszenarien«.

Er projiziert sein innerlich empfundenes Verlassensein und fühlt sich für die Gefühle der anderen verantwortlich.

Unsicher-vermeidende Bindung

Dieser Mensch hat vornehmlich eine Wunde der Ablehnung und Demütigung.

Er vermeidet Kontakt und Nähe in der Beziehung. Er hat nur wenige tiefe soziale Beziehungen.

Negative Erinnerungen werden häufig ins Gedächtnis gerufen, um sich, falls es nötig ist, jederzeit aus der Beziehung lösen zu können.

Er setzt das Verhalten des anderen herab: Was der tut, ist »normal«. Er hat den Eindruck, viel zu viele Bemühungen für wenige Resultate eingesetzt zu haben.

Er überzeugt sich, keines Menschen zu bedürfen und selbstgenügend zu sein. Er isoliert sich.

Er fühlt sich bedroht, sobald eine persönliche Ressource angefragt wird (Zeit, Geld, persönlicher Raum).

Angst ist nicht vorhanden; er unterdrückt und zügelt die negativen Emotionen.

Sein Gefühl der Ablehnung wird verurteilt und verachtet. »Ich brauche niemanden.« »Das ist sein Fehler.« »Ich verdiene Besseres als das.«

Wunde und Schatten des weiblichen Prinzips

Am Anfang des Zwillingsflammen-Wegs ist sich das weibliche Prinzip nicht bewusst, dass es die Energie des Männlichen gleichermaßen enthält.

Das weibliche Prinzip materialisiert das Leben. Aufgrund seiner Natur begreift es die Welt durch seine Innerlichkeit. Es allein ist fähig zu einer direkten Verbindung mit dem Göttlichen, denn wie alles, das wie es in der Lage ist, Leben zu schenken, empfängt es von außen, erkennt durch seine göttliche Intuition, was wahr und was falsch ist, und bringt es dann nach außen.

Wenn das weibliche Prinzip noch unvollständig ist und seinen Mangel auf seine Zwillingsflamme (das männliche Prinzip) projiziert, stürzt es in den Schatten ab. Das weibliche Prinzip übergibt seine Macht dem männlichen Prinzip. Es platziert seine Macht außerhalb seiner selbst. Es fällt in einen Zustand von Passivität und Unterwerfung. Dies äußert sich auch durch exzessive Verführung oder gefühlsmäßige Abhängigkeit.

Die Wunde des weiblichen Prinzips ist das Gefühl, ein Opfer der maskulinen Dominanz und Aggression zu sein. Faktisch ist diese Unterdrückung real. Das weibliche Prinzip interpretiert dies jedoch auf persönliche Weise: »Das habe ich wohl verdient.« Vergessen Sie nicht die empfängliche Natur des weiblichen Prinzips. Alles, was ihm widerfährt, ist nichts als eine Spiegelung dessen, was es in seinem Unterbewusstsein anzieht.

Um diese Wahrnehmung zu kompensieren, wird das weibliche Prinzip seine Schatten – einschränkende Verhaltensweisen – hervortreten lassen, die zum Ziel haben, es zu bestätigen und ihm den (falschen) Eindruck zu vermitteln, diese männliche Domination neutralisieren zu können. Das weibliche Prinzip glaubt, es könne so seine Macht zurückerobern. Diese Verhaltensweisen sind bedingte Liebe, emotionale Manipulation, die Verführung und die Abspaltung vom physischen Körper.

- In der bedingten Liebe stopft das weibliche Prinzip den anderen voll mit Aufmerksamkeit und Liebe. Es erschöpft sich und laugt sich aus. Die nährende Energie, die auf natürliche Weise in ihm ruht, wird nicht mehr geschenkt, sondern aufoktroyiert. Es will das geben, was ihm fehlt. Wenn es ausgedorrt ist, verlangt es die gleiche Hingabe. »Bei allem, was ich für dich getan habe« könnte zu seinem Credo werden. Der andere ist in einer toxischen Wahl gefangen, bei der er verpflichtet ist, in der Schuld des weiblichen Prinzips zu stehen. Die Beziehung ist co-abhängig, denn indem es dem anderen »alles« gibt, schneidet es sich von seiner eigenen Macht ab. Die gefühlsmäßige Manipulation oder Erpressung sind unbewusst, aber durchaus aktiv.
- In der Verführung versteht das weibliche Prinzip die Macht der Anziehung, die es für den anderen besitzt. Es benutzt sie zur eigenen Befriedigung, ohne Gefühlsbindungen zu schaffen, vor denen es sich fürchtet. Die Anerkennung des anderen ist jedoch selten, und die Oberherrschaft liegt letztlich nur in den Händen des anderen.
- Die Abspaltung vom physischen Körper des weiblichen Prinzips kennt nicht einmal den Puls des Lebens, in der

Hoffnung, der Mann würde nicht daran rühren. Das ist der Fall bei der religiösen Keuschheit, einer exzessiven Infantilität (hohe Stimme, obsessive Leidenschaften, die aus der Kindheit stammen) oder aber bei einer virtuellen Beziehung ohne Wunsch nach Konkretisierung. Dies sind auch die Frauen, die einen Mann wählen, der niemals da sein wird, der unerreichbar ist.

In einem Zwillingsflammen-Paar stellt das weibliche Prinzip natürlich nur ein oder zwei Manifestationen des Schattens dar. Diese reichen aber schon aus, um das Fortschreiten der Beziehung zu blockieren. Nur durch die Integration seiner eigenen männlichen Kraft wird das weibliche Prinzip den Ausweg aus der Opferrolle und seinen einschränkenden Verhaltensweisen finden.

Wunde und Schatten des männlichen Prinzips

Am Anfang des Zwillingsflammen-Weges ist sich das männliche Prinzip nicht dessen bewusst, dass es die weibliche Energie gleichermaßen in sich trägt. Es hält das weibliche Prinzip für ein Objekt ohne Bewusstsein, das es zu unterjochen sucht. Es weiß nicht, dass es das Weibliche in ihm selbst ist, das es dominieren möchte, weil es ihm Angst macht.

Das männliche Prinzip ist aktiv, es strahlt nach außen ab, was in ihm ist. Es materialisiert das, was sich in seinem Inneren abspielt. Abgeschnitten von seinen Emotionen und der Empfindung des Göttlichen in sich, lehnt es alles ab, was nicht greifbar und messbar ist. Das, was es um sich herum sieht, gefällt ihm meistens nicht; es sieht die Welt um es herum als unangemessen an. »Wer nicht ablehnt, nimmt hin«, sagt es, und dennoch will es Verantwortliche finden, um nicht die schreckliche Schuld zu empfinden, dass es nicht in der Lage war, aus dem System auszubrechen.

Wenn das männliche Prinzip noch unvollständig ist und seine Wunde der Schuld und der Ohnmacht auf seine Zwillingsflamme (das weibliche Prinzip) projiziert, stürzt es in den Schatten ab, verfällt in Verhaltensweisen, die das zu neutralisieren versuchen, was der Kontakt mit dem weiblichen Prinzip in ihm wachruft. Sein Verhalten zeigt dann eine extreme Rationalisierung, (religiösen) Dogmatismus und Herrschaft. Es überträgt die Macht an die einzige Welt, die es kennt, das Einzige, was fähig ist, seinen Glauben zu bestätigen.

- In der extremen Rationalisierung beachtet das männliche Prinzip die menschliche Erfahrung nicht und glaubt, von einem äußeren Standpunkt aus zu urteilen, den es für objektiv hält. Es analysiert das Leben und die Menschen in seiner Umgebung, die es meint in Schubladen stecken zu müssen. Es zieht sich dermaßen von der Erfahrung zurück, dass es sich vom Leben zurückzieht. Es leugnet die Wirklichkeit des Weiblichen, die Welt der Emotionen und Empfindungen. Es hält seine eigene Wahrheit für übergeordnet, da sie nur auf Logik basiert. Es analysiert und mokiert sich über jene, die »fühlen«. Es denkt, das, was seinen Kenntnissen entspricht, sei gut für es selbst und für die anderen. Alles andere existiere nicht, da es seiner Meinung nach niemals ausreichend auf Tatsachen beruht. Es lehnt jede Form von Emotion ab und verdrängt sie, denn es kann sie nicht einer genauen Untersuchung durch den Verstand unterziehen.

- Der Dogmatismus ähnelt der extremen Rationalisierung in dem Sinne, dass hier eine völlige Ablehnung der menschlichen Erfahrung und der Begegnung mit dem Selbst vorliegt. Hier gibt es nur Regeln, die sein Gesetz vorschreibt, seien sie nun religiöser, sozialer oder familiärer Art. Alles Handeln ist auf die Verwirklichung eines Ideals ausgerichtet und läuft nicht durch den inneren Filter. Wenn sich das Paar nicht gemäß den Vorstellungen von dem verhält, was das männliche Prinzip für »richtig« hält, gibt es keinen Platz dafür. Das sind vor allem die Paare, in denen sich das männliche Prinzip nicht einbringt, weil das weibliche Prinzip aus einer anderen Religion, Kultur oder einem anderen sozialen Milieu stammt.
- Was die Herrschaft angeht, lässt sie den Sensiblen keinen Raum. Das Mentale hat Vorrang vor allem anderen; es hat immer recht und zwingt allem anderen seinen Willen auf. Es unterjocht und lässt dem anderen keinen Raum für seine Entfaltung. Es gilt das Gesetz des Stärkeren. Indem es seine eigenen Ansichten durchsetzt, stellt das männliche Prinzip sicher, es nicht zu Konflikten in der Paarbeziehung kommen zu lassen und darunter zu leiden. Der andere muss so werden wie es selbst und muss seine Sichtweise der Dinge und seine Wahrheit annehmen. Es vermeidet damit den Schmerz, sich widersprochen oder ungenügend zu fühlen.

In einem Zwillingsflammen-Paar zeigt das noch nicht integrierte männliche Prinzip all seine Dynamiken zumeist mit mehr oder minder großer Kraft. Nur indem es seine weiblichen Anteile integriert, wird es ihm gelingen, seine einschränkenden Verhaltensweisen abzumildern.

Die dunkle Nacht der Seele

Beide Flammen werden auf ihrem Weg mit der dunklen Nacht der Seele konfrontiert. Die dunkle Nacht der Seele ist traditionell ein Ausdruck aus der westlichen Mystik, der sich auf die Entblößung der eigenen Identität bezieht, damit man sich dem Göttlichen zu öffnen vermag. Das geschieht allerdings nicht ganz problemlos.

Es ist der erwachte Teil des Paares, der sich zu Beginn der Trennung zuerst seiner dunklen Nacht der Seele stellt. Der schlafende Teil hingegen wird sie erst kurz vor der Wiedervereinigung erfahren. Praktisch gesehen ist sie für beide gleich.

Der Schock, den anderen zu verlieren, ist so schwer, dass er die Flamme in einen Zustand von Nichtsein stürzt – in eine Welt von Schwärze, in eine abgrundtiefe Leere, in der sie untergeht.

Es ist ein Ort des Nichts, ein Ort der Nicht-Form, des Nichtmanifestierten. Die Flamme glaubt, in eine Depression geraten zu sein. Aber dies ist nur ein winzig kleiner Einblick in das, was sie erwartet. Sie verliert den Appetit, ihre Lebensfreude und die Lust weiterzumachen. Sie hat das Gefühl, sie stürbe. Das, was sie früher glücklich gemacht hat, reizt sie nicht mehr; sie sieht keinen Sinn mehr darin. In der dunklen Nacht der Seele verliert die Flamme sogar ihren Glauben. Sie glaubt an nichts mehr. Wozu sollte irgendwas gut sein? Sie überdenkt erneut ihre Entscheidungen im Leben, ihre Karriere und sogar, an welchem Ort sie leben soll.

Um ihren Weg in diesem »Nichts« zu finden, muss die Flamme ihre Gewissheiten darüber vergessen, was sie ist, was sie darstellt und was sie zu erreichen oder zu werden hofft. Es geht darum, all ihren Vorstellungen von der Realität zu entsagen, um wieder bei null anzufangen und die Illusionen ihres Egos zu überwinden. Sie muss das in sich sterben lassen, was nicht zu ihr gehört.

Die Flamme isoliert sich. Sie lässt nichts und niemanden an sich heran. Diese Phase der Einsamkeit ermöglicht es ihr, jegliche Interaktion, die eine reformierende Bewusstwerdung behindern könnte, glatt abzuschneiden. Schritt für Schritt häutet sie sich. Sie begreift, dass die Situation, mit der ihr Geist konfrontiert ist, jener eines Vogels gleicht, den man um jeden Preis im Käfig halten will, aus Angst, ihn wegfliegen zu sehen. Sie akzeptiert, dass der Vogel davonfliegt. Was zu ihr gehört, wird zurückkehren.

Die Flamme versteht, dass sie sich all ihrer Urteile entledigen muss, die sie glauben machen wollen, es gäbe nur einen richtigen Weg. Sie muss begreifen, dass vielmehr jedes Wesen seine eigene Wahrheit verkörpern kann. Sie gibt ihre Ungläubigkeit auf, die Angst vor ihrer eigenen inneren Führung und die Angst davor, was passieren könnte, wenn sie auf diese hören würde.

Sie lässt den Zweifel los, der sie daran hindert, an ihre Intuitionen zu glauben und ihrem inneren Streben zu gehorchen. Sie akzeptiert die Arroganz nicht mehr, die sie glauben lässt, sie habe bereits alle Antworten und bräuchte den anderen und seine Führung nicht. Sie zieht sich von den mentalen Illusionen und den Projektionen zurück, mit denen sie sich Situationen ausmalt, die nicht die Realität widerspiegeln. Sie lernt, die Fantasieszenarien abzulehnen, und zieht es vor, im Konkreten zu agieren.

Der Prozess führt zur Klärung. Die Flamme leert ihr Sein von dessen Bedürfnissen und gewährt dem Göttlichen, das sie in sich trägt und das sie durchströmt, Raum, damit sie vollkommen ein bewusstes Gefäß werden und verkörpern kann. Im Herzen des Zwielichts kommt das Licht hervor. Ein schöner Tag beginnt, die Nacht wird von Strahlen der inneren Wahrheit erleuchtet.

Der initiatorische Weg besteht nicht nur darin, das zu transformieren und zu befreien, was wir waren, sondern auch, in uns das Potenzial entstehen zu lassen, glücklich zu sein und uns über das Dasein zu freuen, in einem Zustand ständiger Dankbarkeit. Die Nacht kann nicht ohne das unerlässliche Licht verschwinden.

Betrachtungen über die Trennung

Das Stadium der Trennung ist dynamisch. Es treten viele Veränderungen bei beiden Flammen ein, sowohl äußerlich als auch innerlich.

Für den schlafenden Anteil bedeutet die Öffnung für diese Liebesbeziehung, sich zu entfremden, sich in ein Gefängnis zu begeben, wo es keinen Platz für zwei gibt. Das Paar nimmt stillschweigend ein Abtauchen in negative Gedanken hin, die der schlafende Teil meist mit aller Kraft zu ignorieren sucht.

Immer noch in die binäre Realität verstrickt, gibt es für ihn nur alles oder nichts. Alles und nichts. Anfangs ist der schlafende Anteil motiviert. Doch dann überkommt ihn Panik. Um die Angst zu überwinden, geht er zum Nichts über.

Für den erwachten Anteil ist dies ein Ruf zur Überwindung. Er enthüllt sich noch mehr, gibt das bisschen, was ihm noch geblieben ist. Er verzeiht zu viel. Er besitzt nicht das Unterscheidungsvermögen, um dieses Zuviel im Nichts zu verstehen. Anstatt seine Grenzen abzustecken und seine Integrität zu schützen, will er seine Flamme heilen und retten. Er strömt von Fürsorglichkeit über und ist sogar bereit, das zu reparieren, was er nicht verursacht hat. Das Liebevolle überwiegt.

Jede Flamme projiziert ihren eigenen schmerzlichen Mangel auf die andere. Der erwachte Anteil schenkt bedingungslose Liebe, die er selbst so gern empfangen möchte. Der schlafende Teil will das Bedürfnis, geliebt zu werden, nicht in sich wachrufen, denn er hat es sorgsam vergraben, um nicht darunter zu leiden.

Mehrere Elemente haben mein Interesse geweckt; diese möchte ich Ihnen in diesem Kapitel mitteilen.

Nur weil Sie getrennt sind, wird der andere Sie nicht vergessen

Im Gegenteil. In der Zwillingsflammen-Beziehung ist ein physischer Kontakt irgendwelcher Art nicht nötig, damit sich die Flammen aneinander erinnern. Sie haben sich seelisch zutiefst berührt; diese Verbindung ist unvergesslich, ungeachtet von Zeit und Raum.

Weit von Ihrer Flamme entfernt zu sein erlaubt Ihnen außerdem, das Bild wieder zu vergolden, das manchmal durch die Konflikte miteinander etwas getrübt wurde. Die Entfernung macht uns das Geschenk, die schlechten Erinnerungen zu vergessen und nur die guten zu bewahren.

Vergessen Sie nicht, dass Ihre Gedanken schöpferisch sind. Wenn Sie sich ständig sagen, dass der andere Sie vergisst, dann strahlen Sie Energien aus, die ihn dazu veranlassen, wirklich an andere Dinge zu denken. Sie sind verbunden, wenn Sie sich Ihrer Gefühle sicher sind und Vertrauen bewahren; auf diese Weise senden Sie Schwingungen der Liebe ans Universum, und Ihre Flamme kann nicht anders, als von Ihnen zu träumen.

Verfallen Sie nicht in Selbstmitleid, seien Sie objektiv

Seine Mutter war nicht da ... Sein Vater hat ihn niemals geliebt ... Er hat kein Glück gehabt ... Sein Chef macht ihm das Leben schwer ... Seine erste Partnerin hat ihn getäuscht ...

Hören Sie auf, Entschuldigungen für sein Verhalten Ihnen gegenüber zu suchen. Akzeptieren Sie das Inakzeptable nicht unter dem Vorwand psychologischer Traumata, die gewiss echt sind, die aber nicht ihren Einfluss auf Ihr eigenes Wohlergehen mindern sollten. Sie sind kein Therapeut und auch kein Rehabilitationszentrum. Ihr Partner wird sich nicht dank Ihnen wieder in Ordnung bringen.

Wenn die Zwillingsflammen-Beziehung zerbricht, neigt der erwachte Anteil dazu, alle Verantwortung auf sich zu laden. Sie sollten wissen, dass sich das, was Ihnen gerade passiert ist, bei jedem anderen Partner genauso abgespielt hätte. Geben Sie sich keine Schuld am Scheitern, sondern analysieren Sie Ihren Anteil an der Verantwortung in Ihrem Festhalten an dieser Beziehung und ziehen Sie Ihre Schlüsse daraus.

Sind Sie aus Angst, allein zu sein, in der Partnerschaft geblieben? Warum versuchen Sie immer, Ihre Gefühle zu erklären, wenn der andere nicht dafür empfänglich ist?

Eine Veränderung ist für alle möglich

Ich muss immer wieder schmunzeln, wenn ich eine Flamme sagen höre, sie würde es niemals schaffen, sich zu verändern, wenn es nämlich genau sie ist, die sich seit Monaten mit übermenschlichen Anstrengungen transformiert, um der ideale Partner des anderen zu werden. Diese Menschen verwandeln sich in einen Schatten ihrer selbst, in der einzigen Hoffnung, ihre Flamme bei sich zu behalten.

Der Wandel ist jedem menschlichen Wesen zu eigen. Das, was für Sie gilt, gilt auch für die restliche Welt. Wir alle sind in der Lage, uns zu transformieren.

Sie können positive Veränderungen vornehmen, um sich selbst zu respektieren und sich für mehr Selbstliebe zu öffnen. Auf diese Weise können Sie eine gesunde und solide Beziehung eingehen, die sich langfristig planen lässt, ohne dass Sie aus Angst, den anderen zu enttäuschen, Ihr Verhalten berechnen müssen. Sie sollten sich über Ihre eigenen Ängste im Klaren sein.

Sie denken nicht auf dieselbe Weise wie Ihre Flamme

Auch wenn Sie verbunden sind und die Gefühle des anderen spüren können, wäre es ein Fehler zu glauben, dass Ihre Flamme eine genaue Kopie Ihrer selbst sei. Ihre Gedanken gehören nur Ihnen allein. Deshalb können Sie die Verhaltensweisen Ihrer Zwillingsflamme nicht voraussehen oder genau wissen, was sie in diesem Augenblick von Ihrer

Beziehung hält. Das ist eine Falle, in die viele Flammen tappen, denn selbst wenn Sie Ihren Partner vollkommen kennen, haben Ihre eigenen Emotionen Einfluss auf Sie und können Ihr Urteilsvermögen trüben. Das Ego liebt es, imaginäre Dialoge zu erschaffen, um zu versuchen, die Kontrolle über die Situation zu erlangen. Es will vermeiden, dass Ihnen bewusst wird, dass es nicht nur von Ihnen abhängt. Lernen Sie, Ihre Gedanken zu beobachten, sie zu akzeptieren und gehen zu lassen. Was Ihnen nicht dienlich ist, blockiert Sie.

Ihre Flamme wird immer wieder zurückkehren, zumindest um sich nach Ihnen zu erkundigen

In fast allen Fällen, die ich in der Konsultation hatte, nahmen die Flammen früher oder später nach der Trennung wieder den Kontakt auf. Auch wenn Ihnen nicht danach ist, mit Ihrer Flamme zu sprechen (was diese Kontaktaufnahme etwas verzögern würde), stehen die Chancen sehr gut, dass Ihre Flamme eines Tages zurückkehrt, zumindest, um zu hören, wie es Ihnen geht.

Es ist ganz einfach: Wenn wir eine besondere Beziehung mit einer anderen Person teilen, wollen wir immer wissen, was aus ihr wird, nicht zuletzt, weil dieses Bedürfnis in einer Zwillingsflammen-Beziehung ein tief verwurzelter Instinkt ist.

Die Rückkehr vollzieht sich im Allgemeinen ein bis sechs Monate nach dem Bruch.

Seien Sie gewiss, während der Trennungsphase jeden Kontakt abzubrechen

Es ist wichtig, dass Sie sich während der Trennung von Ihrer Zwillingsflamme einen Raum der Stille schaffen. Dieser Ratschlag verursacht enorme Angst, denn wenn es keinen Kontakt mehr gibt, stellen Sie sich vor, dass Sie Ihrer Flamme das Getrenntsein erleichtern, da sie nun alle Zeit der Welt hat, Sie zu vergessen.

Das ist natürlich falsch. Vergessen Sie nicht, dass Sie sich in einer Spiegelbeziehung befinden. Wenn Sie nicht auf der physischen Ebene zusammen sind, sind Sie doch auf der energetischen Ebene andauernd miteinander verbunden. Wenn Sie einen Kontakt forcieren – durch Botschaften oder durch »freundschaftliche« oder sexuelle Angebote –, hindern Sie Ihre Flamme daran, ihre Vorstellungen zu sammeln und an sich selbst zu arbeiten. Sie blockieren ganz einfach ihre Chance auf Entwicklung ... und verzögern Ihre eigene.

Inhaltlich sind Ihre Gefühle gegenseitig, und eine physische Trennung wird daran überhaupt nichts ändern. Indem Sie akzeptieren, Ihrer Flamme nicht mehr nahezukommen und allen Kontakt abzubrechen, versetzen Sie sich in eine Haltung des Loslassens und geben Ihrer Flamme genügend Raum, damit sie ihre innere Transformation beginnen kann.

Je mehr Sie versuchen, die Beziehung zu forcieren und Ihre Flamme umzustimmen, desto mehr wird sie Widerstand leisten und auf ihrer Entscheidung beharren. Das ist für ihren Lebensweg festgeschrieben. Ihre Ablehnung der Beziehung ist im Grunde eine Weigerung ihres Egos zu verschwinden. Es ist eine Haltung der Verteidigung und des Selbstschutzes.

Indem Ihre schlafende Flamme Sie zurückweist, möchte sie den unausweichlichen Moment hinausschieben, in dem sie ihr Potenzial erkennt und ihre Aufgabe im Leben annimmt, also ihre Verantwortung. Sie hat noch kein Zutrauen zu sich!

Auch wenn es sehr schmerzlich ist, nach dieser Trennung allen Kontakt abzubrechen, müssen Sie sich dazu zwingen. Genau darin besteht Ihre Herausforderung als erwachter bewusster Anteil. Man muss sich diese Beziehung verdienen.

Vermeiden Sie gleichermaßen, Ihre Zwillingsflamme in den sozialen Netzwerken auszuspionieren. Nicht dass dies etwas an der Beziehung an sich ändern würde, aber es könnte den Mangel und die Verunsicherung, die Sie verspüren, noch betonen. Denn die emotionale Abhängigkeit, die eine Zwillingsflammen-Beziehung hervorruft, ist nicht unerheblich. Sie ähnelt der eines Drogensüchtigen, der versucht, auf Entzug zu gehen. Das wird nicht auf Anhieb gelingen, sondern nur durch die Kraft von Disziplin und eisernem Willen. Es ist nicht nötig, Ihre Flamme zu blockieren oder sie ostentativ aus Ihrem Leben und von allen Geräten zu entfernen. Wenn Sie es sich zutrauen, nicht hinzuschauen, dann lassen Sie Ihre Flamme in Verbindung bleiben.

Seien Sie sich darüber im Klaren, was Sie vermögen. Belügen Sie sich nicht, indem Sie meinen, ein kleiner Seitenblick hie und da würde Sie nicht beeinflussen. Seien Sie sich Ihrer inneren Verfassung bewusst.

Es ist möglich, eine Beziehung zu einer anderen Person in Betracht zu ziehen

Ihrer Flamme begegnet zu sein verpflichtet Sie nicht, bis ans Ende Ihres Lebens mit ihr zusammen zu sein. Wenn Sie sich in eine andere Beziehung gerufen fühlen, dann gehen Sie darauf ein. Das Leben ist voller überraschender Wendungen. Vielleicht war diese Beziehung ein Katalysator für eine Wandlung und hat Sie darauf vorbereitet, die Liebe auf eine gesunde Weise kennenzulernen. Sie haben die Wahl, ob Sie Ihr Leben mit einer seelenverwandten Person oder mit einer Person, mit der Sie sich wohlfühlen, weiterleben möchten. Sie sind an der Schöpfung Ihres Lebens beteiligt. Wenn Ihre Flamme wieder in Ihr Leben zurückkehrt, während Sie in einer anderen Beziehung gebunden sind, dann liegt es an Ihnen, die richtigen Fragen zu stellen.

Das Universum macht seine Sache gut. Wenn die Flamme genau in diesem Augenblick in Ihr Leben zurückkehrt, so ist das nicht unbedeutend. Sollte diese Rückkehr alles auf den Kopf stellen und Sie mit Fragen zu Ihrer Beziehung konfrontieren, dann ist dies vielleicht auch der Augenblick, Ihre Entscheidungen im Leben zu hinterfragen.

Wenn Ihre Flamme einen anderen Partner findet, bedeutet das nicht, dass alles zu Ende ist

Genau wie Sie, ist auch Ihre Flamme imstande, ihr Leben mit einer anderen Person neu zu beginnen. Doch das heißt noch nicht, dass alles beendet ist. Manchmal verlangt die Entwicklung, dass einer der Partner sein Leben mit einer anderen Person teilt. Es hemmt eine Wiedereroberung nicht, wenn jeder der beiden unbeirrt seinen Weg geht.

Wichtiger ist, dass Sie nicht versuchen, sich einzumischen und das neue Paar auseinanderzubringen. Sie würden nur Verwirrung stiften und Ihre Selbstwertschätzung beschädigen. Wenn Ihre Flamme es anderswo versuchen will, wünschen Sie ihr alles Gute. Das ist schwierig, aber Selbstliebe setzt voraus, dass Sie für sich eine aufrichtige und gegenseitige Liebe verlangen.

Vermeiden Sie es, sich mit Krümeln zufriedenzugeben

Mit den Krümeln meine ich, dass Sie nicht versuchen sollten, sich verzweifelt an den anderen zu klammern, egal ob über den Versuch, Freunde zu werden, oder über Sex.

Wenn Sie sich nämlich verfügbar machen, dann hindern Sie sich daran, an sich selbst zu arbeiten, und Sie geben auch Ihrer Flamme keine Möglichkeit dazu. Das soll nicht heißen, dass eine freundschaftliche Beziehung zu Ihrer Zwillingsflamme unmöglich ist, aber diese kann nur nach einer echten Trennung ohne jeglichen Kontakt geschehen. Doch nehmen Sie sich Zeit zum Nachdenken.

Auf Sex mit der Flamme in jeglicher Hinsicht zu verzichten ist eine der größten Fallen nach der Trennung. Nachdem sich die sexuelle Anziehungskraft auf ihrem Höhepunkt befunden hat, ist es schwierig, ihr zu widerstehen. Sex wird zu einem Ventil nach einer solch großen Verbindung, weil das Begehren noch die Liebe durchscheinen lässt, die das Paar vereint.

Der Sex ist die Verankerung in einer Realität, in der es keine Spannungen gibt. Er ist ein Luftholen. Doch eine nur noch fleischliche Beziehung einzurichten ist eine schlechte Idee. Sowohl für den einen als auch für den anderen würde der emotionale Trennungsschmerz wieder wachgerufen. Auf jeden Moment der Erregung folgt die harte Rückkehr in die Realität. War der Sex anfangs vom Wert der Liebesverbindung bestimmt, so wird er lediglich zur Quelle von Angst, denn mit ihm wird sonst nichts weiter verbunden.

Seien Sie geduldig und arbeiten Sie an Ihrem Verhältnis zum Gewinn. Was müssten Sie Ihrer Meinung nach in der Partnerschaft bekommen, damit Sie sich entfalten können? Worauf können Sie verzichten, ohne dadurch in Mitleidenschaft gezogen zu werden? Was hingegen ist für Sie ein Bedürfnis?

Wählen Sie keine Beziehung als Trostpflaster

Sich mit einer anderen Person nur aus dem Bedürfnis heraus zu trösten, wieder Liebe und Selbstwertschätzung zu erlangen, ist eine verführerische Falle. Eine Beziehung als Trostpflaster will gut durchdacht sein, denn sie erleichtert und gibt wieder eine gewisse Sicherheit. Von Anfang an hat der andere darin aber keinen Platz. Er befindet sich in einer Schublade, ohne eine Hoffnung, dort wieder herauszukommen. Auch wenn er uns tröstet, hindert er uns doch daran, uns in die unausweichliche Analyse zu stürzen. Wie das Wort schon zeigt, verdeckt ein Trostpflaster eine Wunde. Es kaschiert die Verletzung.

Es besteht ein großer Unterschied darin, sich von einem anderen Menschen gewählt zu fühlen, und darin, sich aus Angst, allein zu sein, wieder auf eine Paarbeziehung einzulassen. Hier einige Fragen, die Ihnen helfen können: »Habe ich jemanden ausgewählt, der meiner Flamme entgegengesetzt oder aber ihr ähnlich ist?« »Habe ich ihm von Anfang an gesagt, dass diese Beziehung keine Zukunft hat?« »Habe ich diesem neuen Menschen von meiner Flamme erzählt, ohne dass es mir bewusst war?«

Seien Sie Ihre eigene Priorität

Wir alle würden gern eine Liebesgeschichte wie im Märchen erleben, aber wie wir erfahren haben, geschieht das nicht immer so. Wie paradiesisch der Anfang auch gewesen sein mag, nun ist das Ende gekommen, und Sie können nichts daran ändern. Es ist sehr verlockend zu glauben, es genüge, mutig zu sein, um die schlimmsten Hindernisse zu überwinden, und mit aller Kraft zu lieben und sich selbst zu verleugnen, um zu einem Ergebnis zu gelangen. Eine tragfähige Beziehung wird geboren, wächst und reift in der Wirklichkeit, auch wenn diese weniger anziehend ist als die Welt der Träume. Das Herzstück Ihres Lebens sind Sie, heute und seit jeher. Sie müssen auf sich selbst achten, indem Sie sich den Raum geben, den Sie brauchen, um sich selbst glücklich zu machen.

Ihre Flamme ist nicht für Ihr Glück verantwortlich

Auch wenn Ihre Flamme Ihnen behilflich ist, sich weiterzuentwickeln, muss sie sich nicht um Ihren inneren Frieden kümmern. Das Gefühl, in Ihrem Leben glücklich und erfüllt zu sein, obliegt nur Ihnen allein. Nach der Trennung können Sie den schrecklichen Eindruck gewinnen, dass keine Freude mehr möglich sei. Doch nur wenn Sie Ihren eigenen inneren Garten kultivieren, können Sie eine vollständige Ausrichtung und neuen Schwung verspüren. Die Entfaltung Ihrer selbst ist keine leichte Sache, denn sie verlangt, dass Sie Ihre Komfortzone verlassen. Wir hören überall, dass man sich zu nichts zwingen und seinen Bedürfnissen folgen sollte, aber in manchen Fällen ist dieser Gedanke tödlich. Aus Ihren Gewohnheiten auszubrechen verlangt, Ihre Grenzen zu verschieben, und dazu hat niemand Lust.

Neue Menschen kennenzulernen, Gespräche zu führen und neue Aktivitäten auszuprobieren, zu alldem müssen Sie sich sicher zwingen. Nach der Isolierung der inneren Transformation erfordert ein Auftreten in der Welt Mut und Disziplin. Der Halt, den Sie in Ihrer eigenen Gesellschaft gefunden haben, kann Sie schnell blind machen. Überwinden Sie daher gleichermaßen Ihre Demotivationen. Es geht nicht nur darum, durch das, was in Ihrem Innern geschieht, angeregt zu werden. Gehen Sie nicht dem Gefängnis des Geistes in die Falle. Seien sie offen für die Welt, in der Sie Akteur sind.

Identifizieren Sie sich nicht mit Ihrem Schmerz

Wenn wir intensiv leiden, ist es äußerst leicht, in die Opferrolle zu schlüpfen. Melancholie ist bequem und hindert Sie daran, Ihre Verletzlichkeit zu erkennen. Stagnation kann beruhigend sein, denn sie verlangt nichts. Schmerz ist einfach. Erinnern Sie sich, dass Schmerz eine notwendige Phase der Veränderung ist, und selbst wenn diese manchmal sehr lange dauern kann (wenn nicht zu lange!), sind Sie nicht der Schmerz.

Sie sind eine Seele mit ihrem Bündel an Empfindungen. Sie können Dinge unternehmen, die Ihnen Freude bereiten, neue Menschen kennenlernen, all dies, während Sie den Schmerz empfinden. Der Schmerz ist der Indikator Ihrer inneren Transformation. Der Schmerz offenbart die Illusionen und einschränkenden Vorstellungen in Ihnen, und er verdeutlicht die Wahrheit dessen, was Sie sind: Ihre noch nicht bewältigten Verletzungen, Ihre Unsicherheit, Ihre Meinungen und Ihre einschränkenden Bindungen. Der Schmerz zeigt außerdem, dass Sie auf ungeteilte und tiefe Weise geliebt haben. Er offenbart die Schönheit, die Ihnen innewohnt, Ihre Aufrichtigkeit und Ihre Reinheit.

Wenn der Schmerz irgendwann vollkommen im gegenwärtigen Augenblick angenommen ist, wird er eine weitaus tiefere Wahrheit offenbaren: Sie unterliegen keinen Restriktionen mehr, Sie sind ein göttliches Wesen. Sie sind nicht auf Ihre Erfahrung mit dem anderen begrenzt, sondern durch Ihre Erfahrung mit der Quelle verbunden, die unendlich ist.

Aber Sie haben auch Anspruch auf Schmerz

Ihre Flamme zu verlieren kann eine der traumatischsten Erfahrungen Ihres Lebens sein. Ihre gefühlte Abwesenheit hinterlässt ein klaffendes Loch, einen Abgrund. Der Verlustschmerz kommt dem Verlust der Freude, des Lebens gleich. Es gibt keine Hoffnung, keine Träume mehr. Die Zukunft schmerzt. Die Tage erscheinen hohl und verloren; sie vergehen und sehen alle gleich aus. Nichts auf der Welt lässt sich mit der Trostlosigkeit vergleichen, die man nach dem Verlust seiner Flamme empfindet.

Diese heftigen Gefühle machen Angst. Sie werden versuchen, die Wunde zu ignorieren oder sogar manchmal Ihre Affekte im Inneren zu vergraben, um sie nicht zu sehen. Sie sind durch Depression, Wut und Hilflosigkeit, die Sie umtreiben, verunsichert. Atmen Sie tief durch und beruhigen Sie sich. Lassen Sie dem Inneren in Ihnen Raum, um all dies zu leben. Das ist weder Mitleid noch Schwäche. Die Erfahrung von Trauer ist schwierig und doch notwendig, um die Trennung zu überwinden. Dies ist das Ende einer Epoche, das Ende eines Ideals, das Sie sich erschaffen haben. Einer Studie über die Auswirkungen von negativen Ereignissen im

Leben zufolge wurde die Trennung (nach dem Tod eines Kindes) als zweitschwerster Grund von Leiden benannt.

In der Psychologie hat man fünf Hauptphasen in jedem Trauerprozess identifiziert. Diese Phasen findet man natürlich auch bei der Trennung von seiner Zwillingsflamme wieder.

Die erste Phase ist die des Leugnens: Der Geist ist vernebelt, betäubt und schafft es nicht, sich einzugestehen, dass alles zu Ende ist. Dies ist die Periode, in der man sich Szenen der Versöhnung vorstellt, nach der alles wieder neu beginnt.

Die zweite Phase ist die des Zorns: Sie suchen nach einem Schuldigen, sei es der andere oder seien Sie es selbst. Das ist eine Zeit des Aufbegehrens und des Kontrollverlusts. Es ist die Phase, in der Sie am ehesten imstande sind, Nachrichten mit Vorwürfen zu verschicken. Dieser Zorn ist gesund, denn er ist ein Ventil für eine bisher zurückgehaltene Energie.

Die dritte Phase ist die des Feilschens: Sie versuchen, mit der Wahrheit zu verhandeln. Dies ist die Zeit, in der Sie versuchen, den anderen zu Reue darüber zu bringen, dass er nicht für Sie gekämpft hat. Sie tun alles in Ihrer Macht Stehende, um zu glänzen, und sorgen dafür, dass er das auch erfährt. Dies ist eine Periode, in der sich die Gefühle mischen können, denn Sie haben den falschen Eindruck, nun zu etwas anderem übergehen zu können. Lediglich mental stellen Sie sich noch seine Rückkehr vor.

Die vierte Phase ist die des Katzenjammers. Es ist der Augenblick der Verzweiflung, in dem Sie sich sagen, dass nun alles aus und vorbei sei. Sie meinen, nie wieder jemanden kennenzulernen. Gelegentlich machen Sie einen Rückschritt und versuchen, Kontakt mit Ihrer Flamme aufzunehmen.

Dies ist auch die Periode, in der Sie sich vorwerfen, nicht dieses getan oder jenes gesagt zu haben. Sie haben den Eindruck, wieder an den Anfangspunkt zurückgekehrt zu sein. Es ist jedoch der letzte Sturm.

Die letzte Stufe ist die der Akzeptanz. Die Vorstellungen werden klar; Sie verstehen, aus welchen Gründen die Beziehung abgebrochen werden musste. Sie halten sich nicht mehr für den einzig Verantwortlichen, verzeihen aber Ihrer Flamme ihre Fehler. Sie gehen neue Projekte an, und Sie fühlen sich bereit, für sich zu leben.

Wenn diese Trauerarbeit nicht geleistet wird und Sie einige Etappen überspringen, wird Sie der Kummer einholen. Es ist ein Weg, der für beide Flammen obligatorisch ist. Wenn er verdrängt oder versteckt wird, kehren die Gefühle gezwungenermaßen wie ein Bumerang zurück, nur mit weitaus größerer Macht. Glücklicherweise ist es naturgegeben, dass der Trennungsschmerz verschwindet. Es ist nur eine Frage der Zeit und der Akzeptanz.

Fallbeispiele

Die Person, die Sie leiden lässt, ist kein grausamer Henker, der sich an Ihrem Schmerz weidet. Es ist ein Wesen, das in einer schrecklichen Angst gefangen ist, sich für die Liebe zu öffnen, die es zutiefst glücklich machen würde.

Sie geben sich kein Recht mehr auf Ihre Bedürfnisse. Anstatt sich selbst an die erste Stelle zu setzen, geben Sie dem anderen Vorrang. Sobald er nicht mehr da ist, schmerzt die Realität. Sie werden in einen Zustand dramatischer Verwirrung gestürzt, der verhindert, dass Sie Ihr Urteilsvermögen benutzen, um wieder zur Klarheit zu gelangen.

Anhand von einigen Beispielen aus meinen Konsultationen möchte ich versuchen, Ihnen zu zeigen, welche Formen die Konflikte mit einer Zwillingsflamme annehmen können.

Laurine und Tony

Laurine lebt in einer Paarbeziehung mit ihrer Zwillingsflamme Tony. Nach einer idyllischen Periode, in der er aufmerksam und zuvorkommend war, ist Tony plötzlich distanziert. Laurine hat nicht mehr Vorrang, und er hat dafür alle Ausreden der Welt: die Arbeit, die Müdigkeit, langjährige Freunde. Jeder Vorwand wird genutzt, damit er nicht da sein muss. Laurine fühlt sich vernachlässigt. Wenn Tony sie besuchen soll, gibt er zahlreiche Probleme an. Er ist allergisch gegen die Katze. Er schläft sehr schlecht in ihrem Bett. Er findet keinen Parkplatz. Die Beziehung ist an einem toten Punkt. Laurine glaubt, wenn sie ginge, würde Tony niemals wieder nach ihr sehen.

Was empfindet Laurine wirklich?

Laurine tut alles in ihrer Macht Stehende, um ihren Zeitplan an die Vorgaben Tonys anzupassen. Das verursacht Stress, denn sie findet keine freie Zeit für eigene Aktivitäten. Sie fühlt sich vernachlässigt und deprimiert. Sie meint, all das sei ihr Fehler und dass sie im Inneren nicht empfänglich genug für Tony sei, obwohl das, was sie heute stört, nicht neu ist und Tony bislang vollkommen glücklich war. Sie denkt, sie sei zu fordernd, und sagt sich, sie müsse Tony mehr Raum lassen. Sie verliert Zutrauen zu sich und glaubt in ihrem Inneren, dass Tony ihrer überdrüssig sei, aber nicht wagt, es ihr zu sagen. Sie fragt sich, ob sie ihn nicht zu stark verurteilt. Vielleicht sei dieses Verhalten nur zeitweilig und durch den Stress bei der Arbeit bedingt.

Was empfindet Tony wirklich?

Bislang war Tony verliebt, aber es gibt Augenblicke, da irritiert ihn alles, was Laurine tut. Sie ist total nett, und es bereitet ihm Unbehagen, ihretwegen mit dem Auto zu fahren. Doch wenn er von ihr entfernt ist, fühlt er sich schuldig und bedauert, sich nicht die Mühe gemacht zu haben, zu ihr zu kommen. Er fühlt sich bei ihr nicht schlecht, ganz im Gegenteil, aber er kann nicht umhin, verletzend zu sein. Er schämt sich für sein Verhalten, es ist unreif.

Er spürt, dass er die Kontrolle über seine Emotionen verliert, denn er denkt viel an sie. Er entscheidet bewusst, Schranken aufzubauen, um nicht erstickt zu werden. Je mehr Vorwürfe Laurine ihm macht, desto mehr schämt er sich und wagt noch weniger, den Kurs zu wechseln.

Was wäre ein passendes Verhalten?

Den Stundenplan nicht an seinen anpassen, die Katze nicht im Wohnzimmer einsperren und nicht drei Stunden damit verbringen, für seine Ankunft sauber zu machen. Laurine sollte Tony die Verantwortung für seine Handlungen tragen lassen. Wenn er sich nicht einbringen will, sollte Laurine die Beziehung nicht unter erheblichem Krafteinsatz allein stützen. Sie sollte ihre Aktivitäten, die sie vorher hatte, wieder aufnehmen und sogar nach neuen Leidenschaften suchen.

In einer Zwillingsflammen-Beziehung besteht die Gefahr, dass sich die Probleme in die Länge ziehen, wenn man den Bogen überspannt. Loslassen und das Unvermögen akzeptieren, alle Situationen zu meistern, sind die ersten Schritte.

Nafissa und Antoine

Antoine ist seit einem Jahr mit Nafissa zusammen. Nach einer wunderbaren Liebesgeschichte sendet er ihr widersprüchliche Botschaften. Einerseits lehnt er Nafissa hart ab und übt beißende Kritik an ihrem Verhalten; andererseits benimmt er sich wie ein schüchterner Liebhaber und befürwortet alles, was sie tut.

Er provoziert sie, sucht Streit und benimmt sich auf niederträchtige Weise. Nafissa hält das nicht durch und trennt sich von ihm. Nachdem sie sich von ihm entfernt hat, fehlt er ihr zu sehr, sodass sie wieder Kontakt zu ihm aufnimmt. Es folgen Flitterwochen. Er erklärt ihr, dass ihr Weggehen ihn zutiefst verletzt habe. Alles geht gut, bis das frühere Verhalten von Antoine von Neuem beginnt und Nafissa beschließt wegzugehen. Eine neue Trennung erfolgt. In diesem Schema stecken sie nun seit zwei Jahren fest.

Was empfindet Nafissa wirklich?

Die Vorwürfe Antoines machen sie wütend, und sie zögert nicht, mit der Faust auf den Tisch zu schlagen. Doch in ihrem Innern hegt sie Zweifel. Sie denkt, sie sei verantwortlich für den Charakterwandel ihres Partners.

Die Art und Weise, wie Antoine sie behandelt, ist unerträglich, und sie weiß nicht, weshalb sie dennoch wieder zu ihm zurückkommt. Sie hält sich für emotional abhängig. Wenn es dem Paar gut geht, passiert allerdings alles auf so harmonische Weise! Welch ein Jammer, jedes Mal hat sie den Eindruck, nur zwei Fingerbreit davon entfernt zu sein, die Beziehung zu stabilisieren. Sie weiß, dass Liebe Anstrengungen verlangt, und ist daher bereit, bis zum Ende zu kämpfen. Doch sie ist wiederum nicht in der Lage, zu bleiben und das Verhalten Antoines zu ertragen. Sie fühlt sich innerlich zwischen zwei Wahlmöglichkeiten hin- und hergerissen.

Was empfindet Antoine wirklich?

Antoine leidet im Inneren sehr und erträgt keine Nähe von irgendjemandem in seiner Umgebung. Er würde Nafissa gegenüber so gern ausdrücken, wie sehr er sie für ihre Kraft und ihren Mut bewundert.

Wenn er jedoch versucht, mit ihr zu sprechen, macht er ihr nur Vorwürfe. Er fühlt sich durch ihren Wankelmut verletzt, durch ihr Unvermögen, bei ihm zu bleiben, obwohl er sich mit aller Kraft an sie klammert.

Er hat Angst vor der Paarbeziehung, denn er denkt, dass Nafissa nicht ihr ganzes Leben bei jemandem wie ihm bleiben wird. Er meint, er sei gut genug für sie. Er fühlt sich nicht fähig, voranzukommen oder sich zu verändern. Er steckt in seinem Berufsleben fest. Er fühlt sich nicht in der Lage, ein Familienvater zu sein. Er verspürt Scham und Schuldgefühle. Er würde Nafissa gern bei sich behalten, aber er weiß ganz genau, dass er sie durch sein kindisches Verhalten von sich entfernt. Er hält sich für unfähig.

Was wäre ein passendes Verhalten?

Wenn die Beziehung Dynamiken wie eine Achterbahn annimmt, ist ein glatter Schnitt am besten. Die Ressentiments häufen sich, und das Paar ist weder zusammen noch getrennt. Wie könnte man Stücke wieder zusammenkleben, die noch nicht völlig zerbrochen sind? Es würde nur Flickwerk.

In diesem präzisen Fall, ohne allgemein zu werden, sind die beiden Flammen in ihr jeweiliges Universum verstrickt, und es gelingt ihnen nicht, einander zu verstehen. Vor allem aber verstehen sie sich selbst nicht mehr.

Die Spirale der Selbstsabotage ist bei beiden aktiv und wird von einem schlechten Selbstwertgefühl begleitet. Für beide ist ein Abstand notwendig. Jeglichen Kontakt abzubrechen ist hier gesund und erlaubt es ihnen beiden, ihr Begehren in der Beziehung zu prüfen. Was will man vom anderen? Was akzeptiert man? Was bringt einem der andere? Was kann man dem anderen geben?

Laura und Maxime

Als Maxime Laura begegnet, folgt er ihr überallhin, als könne er nicht mehr ohne sie. Er wird es nicht überdrüssig, sie zu sehen, überhäuft sie mit Nachrichten und verbringt schöne Momente mit ihr. Er gibt ihr auch Raum; er zeigt sich nicht als einen abhängigen Mann. Laura ist entzückt, sie hat den Eindruck, den Märchenprinzen kennengelernt zu haben. Wenn sie ihn ihren Freunden vorstellt, sind sich alle einig: Sie hat eine seltene Perle gefunden!

Doch nach ungefähr vier Monaten ist er weniger verfügbar. Anfangs hatte Laura keine Angst, denn für sie war klar, dass ihre Beziehung eine lang anhaltende sein würde. Mit der eintretenden Ruhe ging eine gewisse Stabilität einher. Doch plötzlich beginnt Maxime zu vergessen, sie anzurufen oder sogar seit Langem geplante Termine abzusagen. Für Laura steht fest, dass es sich um berufliche Überarbeitung handelt. Er bringt so viel Kraft in seine Projekte ein. Sie ist dafür der lebendige Beweis!

Als Laura dann jedoch sieht, dass er sich für andere durchaus Zeit nimmt, beginnt sie sich Sorgen zu machen. Maxime vermeidet Gespräche; jedes Mal findet er Ausreden, um nicht zu ihr zu kommen, unter dem Vorwand, seine Arbeit erfordere ein frühes Aufstehen. Nach zwei Wochen fühlt sich Laura ernsthaft zurückgewiesen, denn sie spürt, dass Maxime sich verändert hat und seine Entschuldigungen lediglich Alibis sind. Einen Monat später sind Streitereien an der Tagesordnung. Die Veränderung ist grundlegend.

Laura versucht die Spannungen abzubauen, aber angesichts ihrer Vorwürfe geht er in die Defensive. Sie verlangt Erklärungen und stellt den Fortbestand der Beziehung infrage. Sie droht, ihn zu verlassen. Maxime eröffnet ihr, sie sei frei in ihren Entscheidungen. Laura weint; Maxime sagt ihr, dass ihre Beziehung zu viele Mühen erfordere und es nötig sei, sich nicht mehr zu sehen. Außerdem kontrolliere sie ihre Emotionen nicht ausreichend.

Laura befindet sich in der Tat in einem Strudel. Nachdem sie ihn verlassen hat, hört sie nicht auf, ihn immer wieder anzurufen; sie will einfach nicht wahrhaben, was geschehen ist. Wenn Maxime antwortet, dann nur, um ihr zu sagen, dass sie sich nicht in der Hand habe. Er fordert sie auf, ihn nicht mehr anzurufen, bevor es weniger dramatisch ist. Laura ist gekränkt. Sie hat doch nichts Schlechtes getan!

Was empfindet Laura wirklich?

Laura hat den Eindruck, dass sie alles vermasselt hat, denn Maxime hat niemals von einem Bruch gesprochen. Sie bedauert, versucht zu haben, seine Gefühle auf die Probe zu stellen. Sie meint, sie sei unreif. Laura würde zu gern das Prickeln der Anfänge wiedererwecken, als Maxime sie hofierte und nur durch sie zu leben schien. Sie denkt, dass es ihr nicht gelungen sei, die Flamme in Ehren zu halten. Sie möchte ihm ihre Liebe beweisen, indem sie ihm Raum lässt, wartet aber auf seine Rückkehr.

Was empfindet Maxime wirklich?

Maxime beabsichtigt nicht, Laura anzurufen. Er nimmt die Angst auf, die er bei Laura spürt, die seiner Meinung nach zu viel Druck ausübt. Er findet, dass sie zu empfindsam sei, dass sie sich nicht zu kontrollieren vermag, dass es ihr an Beherrschung mangele und dass sie unreif sei. Er weiß, dass er verliebt ist, aber er schätzt die Lage so ein, dass er sein Leben nicht mit Laura verbringen kann. Er hat sich im Kopf eine Art Liste zum Abhaken angelegt, und da Laura mit dieser nichts gemein hat, fühlt er sich im Widerspruch zu dem, was er machen sollte.

Doch die Kriterien auf seiner Liste korrespondieren nicht mit dem, was er sich im tiefsten Inneren wünscht, und er ist sich dessen bewusst. Es wäre nur das, was seiner Familie oder der Gesellschaft gefallen würde. Er ist ratlos, weiß nicht, was er tun soll, und das bereitet ihm Kummer. Am liebsten würde er vor ihr fliehen. Ohne sie ist er unglücklich. Daher zieht er es vor, alle Gefühle zu unterdrücken.

Was wäre ein passendes Verhalten?

Maxime kann in einer Beziehung nicht glücklich sein, wenn er nicht eine Partnerin wählt, die seinen tiefen Bestrebungen entspricht.

Laura ist machtlos, ihn zu verändern, und sie kann nicht darauf hoffen, dass eine Trennung ihm einen heilsamen Schock versetzt. Sie muss außerdem lernen, im Rahmen der Beziehung nicht zu betteln. Nachrichten zu schicken bringt überhaupt nichts, denn erst durch ihre reale Abwesenheit hätte Maxime Gelegenheit, die Tiefe seiner Gefühle für Laura zu begreifen.

Der Bruch ist eine gute Nachricht. Laura kann sich ihrer eigenen Entwicklung widmen. Maxime wird früher oder später zu ihr zurückkehren, aber sie muss das Gefühl des Wartens auf ihn loslassen.

DAS PAAR WIRD ANS LICHT GEBRACHT

Sobald die unausweichliche Integration in der Seele der beiden Flammen stattgefunden hat, verkörpern diese ihr wahres Potenzial. Das männliche Prinzip und das weibliche Prinzip besitzen nun eine Funktion (das, was aus ihrer Natur hervorgeht) und ein Handeln (was sie durch das, was sie sind, erreichen).

Funktion und Aktion des weiblichen Prinzips

Das weibliche Prinzip hat seine Yin- und Yang-Anteile integriert. Die Funktion seines Yin-Anteils ist seine Liebesfähigkeit, die sein Yang-Anteil in der Welt materialisiert.

Das weibliche Prinzip ist zu absoluter Liebe in vollkommener und bedingungsloser Hingabe fähig. Es ist bereit, das Objekt des männlichen Prinzips zu sein, in dem Sinne, dass es das Mittel darstellt, durch das das männliche Prinzip seinen Ideen Gestalt verleiht. Es schenkt den geistigen Entwürfen des männlichen Prinzips Leben. Das männliche Prinzip kann vor seinen Augen sehen, wie die Entwürfe seines Bewusstseins geboren werden.

Aufgrund seiner Natur ist das weibliche Prinzip empfänglich. Es empfängt die Informationen der Quelle in sich, kennt den Unterschied zwischen dem, was uns mit der Gerechtigkeit des Herzens in Einklang bringt und was uns von ihr entfernt. Es ist das Barometer, das in der Lage ist, die Aktion des männlichen Potenzials zu lenken. Das männliche Prinzip zerstreut seine Lebensenergie nicht. Es vergeistigt das Konkrete, es offenbart das Göttliche im Alltag.

Funktion und Aktion des männlichen Prinzips

Das männliche Prinzip hat seine Yin- und Yang-Anteile integriert. Die Funktion seiner Yang-Polarität ist seine Handlungsfähigkeit, die seine Yin-Polarität in der Welt konkretisiert.

Das männliche Prinzip ist in der Lage, Materie zu transformieren und seine Gedanken in greifbaren Aktionen umzusetzen, die den Lauf von Ereignissen verändern und das Bewusstsein anderer inspirieren können. Um zum Subjekt zu werden, benötigt es jedoch das weibliche Prinzip, das seinem Geist Form verleiht. Ohne die Wirkung des weiblichen Prinzips kann das männliche Prinzip nicht aktiv sein.

Wenn sich das männliche Prinzip seiner Yin-Polarität bewusst wird, integriert es in sich die Fähigkeit, ein Projekt zu verwirklichen, das größer ist als der Dienst an den eigenen Zwecken. Es wird sich bewusst, dass es Mitschöpfer der Welt ist, zu der es gehört, und übernimmt die volle Verantwortung dafür. Es schützt, sichert und transformiert das, was es umgibt, indem es die vom weiblichen Prinzip inspirierten Direktiven berücksichtigt.

Wann kommt es zur Verschmelzung?

Wenn beide Zwillingsflammen ihren jeweils individuellen Weg der Integration beider Polaritäten zurückgelegt haben, kann die Verschmelzung beginnen. Beide Flammen haben sich auf allen Ebenen, sowohl physisch, emotional, psychologisch als auch energetisch und karmisch, von allen Ängsten, einschränkenden Überzeugungen, Verletzungen und Abhängigkeiten gereinigt. Jedes Prinzip hat seine entgegengesetzte Polarität integriert. Das männliche Prinzip akzeptiert das Weibliche in sich selbst, während das weibliche Prinzip das Männliche in sich akzeptiert.

Die physische Wiedervereinigung ist eine Vorstufe der Verschmelzung, die sich auf allen Ebenen des Seins vollzieht: in Geist, Körper und Seele. Die Flammen weihen sich einander, und ihre Weihe verleiht ihnen eine ganz spezielle starke Schwingungsfrequenz.

Die Verschmelzung findet in dem Moment statt, in dem sich die Flammen zum ersten Mal nach der Trennung fleischlich vereinen. Eine energetische Bestätigung vollzieht sich, die das Schwingungsfeld der beiden Flammen völlig verändert.

> »Hätte die Frau sich nicht vom Mann getrennt, wäre sie nicht gestorben, ebenso wenig wie der Mann. Die Trennung von ihm war der Beginn des Todes. Deshalb ist Christus gekommen, um diese plötzliche Trennung

> in den Ursprüngen aufzuheben, die beiden wieder zu vereinigen und jenen Leben zu schenken, die aufgrund der Trennung gestorben sind.«
>
> Evangelium des Philippus

Von nun an verschmelzen die Flammen ihre Auren und strahlen reines Licht aus – und dies bis zum Ende ihrer Existenz. Ihre Schwingungsfrequenz sinkt niemals unter 44 Kilo-Hertz. Ihre spirituellen Führer fusionieren und bilden ein und dasselbe Team.

Manche Menschen sprechen sogar davon, dass sich das physische Erscheinungsbild der Flammen ähnelt, so als würde der Körper die Ähnlichkeit der Seele, die er enthält, durchscheinen lassen.

So ist ein neues Wesen geboren worden, von Gnade erfüllt und mit der Quelle und dem Göttlichen in sich verbunden. Das vereinigte Zwillingsflammen-Paar ist allerdings nicht frei von Streitigkeiten und Konflikten, aber es führt keinen Krieg mehr gegen den Schatten: Es offenbart das Licht im Schatten. Es nährt sich vom Konflikt als Sprungbrett zur Entdeckung des anderen.

Das männliche Prinzip denkt das Geistige in der Materie, das weibliche Prinzip wird daraufhin seine innere Führung benutzen, um es mit dem Göttlichen in Einklang zu bringen und es in die Realität zu integrieren, damit es Form und Leben bekommt. Anschließend wird das männliche Prinzip den Direktiven des Weiblichen entsprechend handeln, um die es umgebende Welt im Bewusstsein zu transformieren.

Das kreative Potenzial – die schöpferische Dualität

Sind die Zwillingsflammen einmal vereinigt, finden sie sich in einer unendlichen Schöpfungsvielfalt wieder. Sie engagieren sich in professionellen Projekten, die darauf abzielen, das Bewusstsein der Menschheit zu erhöhen. Auch in humanitären Projekten sind sie manchmal an allen Fronten tätig. Durch die Ausstrahlung ihrer Liebe geben sie ein Beispiel für ein liebendes Paar, ohne es selbst zu merken.

Wenn es gilt, gegen die Schatten zu kämpfen, vereinigen sie manchmal ihre Kräfte. Dann sehen wir sie den Bedürftigen beistehen, gegen Diskriminierung oder gegen Kräfte des Bösen kämpfen.

Wenn sie sich entscheiden, ein Kind zu bekommen, weist dieses charakteristische Eigenschaften auf: Es ist hellhörig, hellsichtig und hellfühlig. Es nimmt sowohl die Vergangenheit als auch die Gegenwart und die Zukunft wahr. Das Kind ist hypersensibel, und seine emotionale Intensität ist außergewöhnlich. Es zeigt eine tiefe Liebe zur Natur und den Tieren, gelegentlich auch Leidenschaften, die sich von denen anderer Kinder unterscheiden, unter die sich zu mischen ihm nicht gelingt. Es ist unabhängig, wird gelegentlich als Rebell bezeichnet und kann manchmal Schwierigkeiten mit dem klassischen Schulsystem haben. Es ist ein frühreifes Kind, das eine überbordende Neugier besitzt. Es muss lieben und geliebt werden. Es sehnt sich nach Harmonie und universellem Respekt zwischen allen Bewohnern der Erde.

Aufgrund ihrer im Laufe ihres Weges erlangten großen Toleranz ist das Zwillingsflammen-Paar fähig, die Andersartigkeit zu akzeptieren und das Potenzial des Kindes in Licht und Wohlwollen wachsen zu lassen. Immer mehr Kinder von Zwillingsflammen sind aufgerufen, sich auf diesem Planeten zu inkarnieren und dadurch an der planetaren Veränderung hin zu einem weiteren Bewusstsein mitzuwirken.

Die Zwillingsflammen und das Tarot de Marseille

Mehrere Karten des Tarot repräsentieren die Energie der Zwillingsflammen. Diese Karten erscheinen im Allgemeinen beim Ziehen, wenn sich die gestellte Frage auf die Beziehung zwischen zwei Flammen bezieht.

Die Sonne

Die Große Arkana »Die Sonne« mit dem Zahlenwert 19 ist die Karte, die von den Zwillingen als Entität spricht. In der Numerologie bedeutet die 19 den Anfang und das Ende. Das sind die vereinten Flammen.

Die Arkana trägt die drei Farben des Tarot. Ihre Strahlen nehmen die ganze obere Partie der Karte ein. Die im unteren Teil abgebildeten Zwillinge sind fast nackt. Einer berührt den Hals des anderen (Hals-Chakra, Zentrum der Kommunikation), während dieser den Solarplexus des ersten berührt (Solarplexus-Chakra, Zentrum des Handelns).

Die Mauer hinter den Kindern erinnert an den Schutz, der sie umgibt, worauf auch die zu Füßen der Zwillinge gezogene Linie hinweist. Sie ist der Anfang eines magischen Kreises. Die Zwillinge sind durch das Göttliche beschützt.

Sie strahlen durch ihre Verbundenheit und befinden sich in einem Zustand des Glücks.

Diese Karte taucht oft auf, wenn das Paar Gegenstand der Befragung ist. Sie sollte nicht in ihrem ersten Sinne von »Erfolg« verstanden werden, sondern eher als ein Hinweis auf die Gesamtsituation des Paares.

Zwei der Stäbe

Diese Karte trägt die Energie der Reifung eines Projekts. Sie spricht von Introspektion, einer Wartezeit, die, Geduld vorausgesetzt, fruchtbar werden kann.

Die Stäbe im Tarot repräsentieren das Feuer. Dieses Element steht für Intuition, Kreativität, Leidenschaft und Motivation. Unser inneres Feuer verbindet sich mit dem anderen oder mit dem Göttlichen. Daher ist es ganz natürlich, dass die »Zwei der Stäbe« Ihre Zwillingsflammen-Beziehung bezeichnen kann. Wenn sie bei einer Befragung auftaucht, legt sie das Ende einer Krisenzeit nahe. Schauen Sie, mit welcher Karte sie in Zusammenhang steht. Neben den »Liebenden« oder der »Zwei der Kelche« weist sie auf eine baldige Wiedervereinigung hin. Taucht sie neben dem »Teufel« auf, so muss man sich noch einiger Abhängigkeiten entledigen, bevor man sich wiedersehen kann.

Zwei der Kelche

Nach der Eins, dem männlichen Prinzip par excellence, ist die Zwei von der Energie des weiblichen Prinzips durchdrungen. Diese Karte ist nicht mit Aktion oder Ungestüm verbunden, sondern sie enthüllt sich in der Vertiefung unseres inneren Selbst, in der Empfänglichkeit und in der Intimität.

Die Kelche sind grundlegend verbunden mit der Welt der Empfindungen und der Emotionen. Die beiden goldenen Gefäße stehen sich auf einem roten Grund gegenüber, dem Symbol für die Konkretisierung und Verwirklichung. Die Baumstruktur zeigt zwei Fische, die einander gegenüberliegen. Sie erinnern an die Ruhe von zwei Hälften, die sich ansehen, wobei sie jeweils der vollkommene Spiegel des anderen sind. Erinnern wir uns daran, dass der Fisch ein Symbol für leidenschaftliche und mystische Liebe ist.

Dies ist die Arkana, die die Vereinigung in all ihrer Pracht darstellt. Sie tritt beim Kartenlegen auf, um die Heilung von Wunden aus der Vergangenheit und die Umwandlung negativer Energien anzuzeigen. Sie ist ein Symbol für einen Neuanfang, der in der Stabilität verankert ist.

Sechs der Kelche

Der Satz der Kelche befasst sich mit dem Bereich der Emotionen, der Empfindungen und der Liebe. Die Sechs ist eine Karte voller Harmonie, deren Blattwerk üppig ist und die den Eindruck eines vollkommenen Gleichgewichts vermittelt. Diese Symmetrie ist auch ein Symbol des Spiegels. Diese Karte steht für die Vergangenheit und die Gegenwart; sie ist eine karmische Karte par excellence. Sie steht für ein Double, für unsere Zwillingsflamme.

Die »Sechs der Kelche« evoziert die Rückkehr von jemandem aus der Vergangenheit, vor allem unseres überaus geliebten Doubles. Sie ist die Karte der Vereinigung schlechthin. Sie erscheint außerdem, um die Verbindung der Zwillingsflammen zu bestätigen, wenn es bei der Befragung um die Natur der Beziehung zum anderen geht.

Der Ausgleich (Die Mäßigkeit)

Denken wir an diese Karte, so denken wir gewöhnlich an Geduld, an Ausgeglichenheit und Mäßigung. Sie erinnert uns daran, inmitten des Sturmes ruhig zu bleiben. Aber die Karte ist auch die Karte der Alchemie. Auf ihr kombiniert der Engel wohlweislich die Elemente des »Großen Werks«. Der obere Kelch wird in den unteren ausgeschüttet, ohne dass jedoch eine Fließrichtung erkennbar wäre. Sie repräsentiert die Alchemie an sich.

Denken Sie daran, dass die Flammen eine spirituelle Transformation durchlaufen müssen, bevor sie sich wieder physisch begegnen können.

Der Ausgleich steht gleichermaßen für unsere Verbindung mit dem Universum und für unser Schicksal. Auf der Karte sieht man hinter dem Engel einen Weg, der in die Berge führt und für den Weg unserer Seele steht. Die goldene Krone über den Bergen steht für Vereinigung mit dem Göttlichen sowie die heilige Einheit der Zwillingsflammen, die auf diese Weise ihre alchemistische Verwandlung vervollständigen.

»Der Ausgleich« erscheint daher bei einer Befragung, um von der inneren Transformation des Weges zu sprechen. Die Karte ist das Zeichen für die im Herzen jeder Flamme aktive Alchemie.

Vorschläge zur Befragung des Tarot de Marseille für Zwillingsflammen

Legesystem mit 8 Karten. Bilanz der Beziehung

- Karte 1: Mein innerer Zustand. Wie fühle ich mich in diesem Augenblick?

- Karte 2: Der innere Zustand meiner Zwillingsflamme. Wie fühlt sie sich in diesem Augenblick?
- Karte 3: Was blockiert die Entwicklung der Beziehung. Was behindert die Beziehung mit meiner Flamme?
- Karte 4: Meine größte Blockade. Was muss ich momentan überwinden?
- Karte 5: Die größte Blockade meiner Flamme. Was macht es meiner Zwillingsflamme schwer, in der Beziehung mit mir voranzukommen? Welche Hindernisse muss sie überwinden?
- Karte 6: Mein Trumpf. Wie kann ich meine Blockade überwinden? Was kann mir dabei behilflich sein? Auf wen oder was kann ich zählen?
- Karte 7: Der Trumpf meiner Zwillingsflamme. Wie kann meine Zwillingsflamme Unterstützung finden, um ihre Blockade zu überwinden? Auf wen oder was kann sie zählen?
- Karte 8: Ausgang der Situation. Was wird geschehen? Was kann ich von der Situation erwarten?

Legesystem mit 5 Karten. Die Botschaften meiner Zwillingsflamme

- Karte 1: Das, was ich in Bezug auf unsere Beziehung empfinde, was sie mir bringt.
- Karte 2: Was ich an dir mag, was mich glücklich macht, mir Kraft gibt und mich beruhigt.
- Karte 3: Was du von mir erwartest.
- Karte 4: Was ich von dir erwarte.
- Karte 5: Was mir bei dir Angst macht.

Legesystem mit 7 Karten. Der Weg zu meiner Ganzheit

- Karte 1: Was ist meine aktuelle Situation? Worin bestehen die Herausforderungen?
- Karte 2: Was hält mich zurück? Was muss ich hinter mir lassen?
- Karte 3: Was kann ich tun, um das zu befreien oder zu überwinden, was mich zurückhält?
- Karte 4: Wo sollte ich meine Energien konzentrieren? Was hat Priorität?
- Karte 5: Welches ist der nächste Schritt im Prozess? Was wird geschehen?
- Karte 6: Die äußeren Einflüsse, die sich auf mich auswirken.
- Karte 7: Das Ergebnis der Erfahrung.

Legesystem mit 7 Karten. Fokus auf die Trennung

- Karte 1: Mein Anteil am Problem.
- Karte 2: Der Anteil meiner Flamme am Problem.
- Karte 3: Was ich in diesem Augenblick am besten tun sollte.
- Karte 4: Was meine Flamme in diesem Augenblick tun sollte.
- Karte 5: Die mir nicht bewussten Einflüsse.
- Karte 6: Kann die Beziehung gerettet werden?
- Karte 7: Lohnt sich die Beziehung?

Legesystem mit 6 Karten. Fokus auf die Fusion

- Karten 1, 2 und 3: Die drei zu vermischenden Elemente, um die Fusion in Gang zu setzen.
- Karte 4: Was wir gemeinsam tun werden. Unser Projekt.
- Karte 5: Die Umgebung, in der wir uns entwickeln werden.
- Karte 6: Worauf wir achten sollten.

Zwillingsflammen und Zahlen

Zwillingsflammen erhalten zahlreiche Botschaften durch Zahlen. Manche nennen sie die »Engelszahlen«. Diese Zahlen sind Sequenzen von Ziffern, denen die Flammen immer wieder begegnen. Man nennt das Synchronizität oder Koinzidenz. Plötzlich bekommt etwas durch eine Zahl einen Sinn, ruft ein starkes Gefühl hervor, eine Transformation zeigt sich.

Die Zahlen der Zwillingsflammen überbringen verschiedene Botschaften von Ihrem höheren Selbst, Ihrer Flamme oder sogar von Ihren spirituellen Führern. Sie stechen heraus, denn es ist statistisch gesehen unwahrscheinlich, dass Sie sie sähen, wenn sie Ihnen nicht von jemandem vor die Nase gesetzt würden. Sie sind da, um Ihre Aufmerksamkeit zu erregen. Sie erscheinen, um Ihnen etwas zu sagen, und Sie sehen sie noch öfter, wenn Sie eine wichtige Entscheidung zu treffen haben. Sie geben nicht immer eine direkte Antwort, sind aber nichtsdestotrotz eine Orientierung für Ihre Seele. Sie sind ein positives Zeichen, das Ihren Zwillingsflammen-Weg bestätigt.

Die Engelszahlen erscheinen auf unterschiedliche Weise und aus verschiedenen Quellen in Ihrem alltäglichen Leben. Sie können diese Sequenzen beispielsweise häufig beim Auf-die-Uhr-Sehen erkennen. Da wir im Laufe des Tages mehrfach auf unser Smartphone sehen, ist dies eines der einfachsten Mittel, um Synchronizitäten zu manifestieren. Sie können zu einem bestimmten Zeitpunkt einen Anruf oder eine Nachricht erhalten, oder Sie können allmählich bemerken, dass es besondere Zahlensequenzen in Telefonnummern, Adressen oder Autokennzeichen gibt, die Sie auf der

Straße sehen, oder Sie entdecken sie auf Preisschildern. Berücksichtigen Sie auch Daten von Ereignissen oder Geburtstagen, die ebenfalls Engelszahlen enthalten können.

Achten Sie darauf, wo Sie diese Sequenzen sehen. Manchmal wird versucht, Ihre Aufmerksamkeit auf einen Ort zu lenken, auf einen Augenblick oder eine bestimmte Person. Die Umgebung der Zahlen kann ebenso wichtig sein wie die Zahl selbst. Seien Sie achtsam.

Hinweis: Wenn Sie keine solchen Sequenzen sehen, heißt das nicht, dass Sie sich nicht in einer Zwillingsflammen-Beziehung befinden. Sie sind jedoch ein sicheres Zeichen für deren Weg. Versuchen Sie, ihren Botschaften zu lauschen. Geraten Sie nicht in Panik, wenn Sie sie verpasst haben: Sie sind da, um Ihnen zu helfen, sind aber keine Gebote, denen Sie gewissenhaft zu folgen hätten und ohne die die Beziehung verloren wäre.

Sequenz 1010

Diese Sequenz enthält zweimal die 10, das Zeichen für das Ende eines Zyklus und den Beginn eines neuen. Sie ist ebenso wie die Meisterzahl 11 auf die 2 reduzierbar. Sie ist ein Zeichen für Teamarbeit und eine anstehende Zusammenarbeit. Sie betrifft eine spirituelle Renaissance, das Erwachen des Bewusstseins und den Weg des Aufstiegs. Ihr höheres Selbst arbeitet hart daran, Ihnen Botschaften, Unterstützung und Ratschläge zu senden, um Sie zu einer tiefen Ausrichtung zu bringen. Diese Sequenz ist das Anzeichen für eine baldige Wiedervereinigung mit Ihrer Flamme; Sie sind auf einem guten Weg.

Sequenz 1212

Diese Sequenz enthält zweimal die Energie der 6, des Zeichens für eine karmische Auflösung und Befreiung in Hinsicht auf einen an unsere früheren Leben gebundenen Partner. Sie trägt außerdem die Energie der 3, die für die Schöpfung einer neuen Wesenheit steht. Es besteht aller Anlass zu denken, dass diese Sequenz für eine baldige physische Wiedervereinigung steht. Die sich wiederholende Zahlensequenz entwickelt sich allmählich, einen Schritt nach dem anderen. Verlieren Sie nicht den Mut, weil es so lange dauert, denn Ihre Geduld wird auf die Probe gestellt.

Sequenz 1111

Diese Sequenz trägt eine Botschaft von Stabilität und Hoffnung. Sie enthält die Energie der 4, von Stabilität und Grundlage, sowie die der 2, die das Paar und die baldige Vereinigung anzeigt. Diese Sequenz steht für bedingungslose Liebe und gemeinsame Gedanken. Ihre Flamme denkt an Sie und sehnt sich nach Ihrer Gegenwart. Ihre Liebe ist unzerstörbar.

Sequenz 222

Diese Sequenz enthält die feste Bekräftigung der Verbindung, die sie an Ihre Flamme bindet. Sie verlangt von Ihnen, weiterhin sowohl an sich selbst als auch an Ihre Flamme zu glauben. Wenn Sie sich in einer Krise befinden, verlangt diese Engelszahl, nicht die Hoffnung zu verlieren. Sie ist ein Auf-die-Schulter-Klopfen des Universums. Sie sind nicht allein auf diesem Weg!

Sequenz 2222

Diese Sequenz ist auf die 8, das Zeichen der Unendlichkeit und Verschmelzung, reduzierbar. Ihre Partnerschaft steht auf der Schwelle zum Erfolg. Es bestehen große Chancen, dass sich die Verschmelzung in dieser Inkarnation vollzieht. Sie haben starke Schwingungen und tragen zum energetischen Anstieg des Planeten bei.

Sequenz 333

Diese Sequenz steht für eine Periode der Reflexion. Sie weist auf eine ausgezeichnete Gelegenheit hin, Ratschläge und Unterstützung von Ihren Nächsten sowie von Ihren spirituellen Führern zu erhalten, damit Sie auf Ihrem Lebensweg mit Ihrer Flamme voranschreiten können. Das Universum erinnert Sie an die spirituelle Realität Ihrer Beziehung. Seien Sie sich jedoch dessen bewusst, dass man Sie im Laufe der Zeit dreimal prüfen könnte, denn Sie haben hier dreimal die 3 – sie kombinieren sich in der Meisterzahl 33. Die Zahl 33 steht für Ihre Loyalität, Ihre großzügige Natur und Ihre Aufrichtigkeit, die in einer nahen Zukunft auf die Probe gestellt werden könnten. Bleiben Sie sich in dem treu, was Sie wirklich sind, und das Universum wird Sie belohnen.

Sequenz 444

Dank des wiederholten Erscheinens der Zahl 4 bringt diese Sequenz eine Botschaft von Wachstum, Stabilität und ständigem Fortschritt mit sich. Sie und Ihre Flamme erreichen einen Zustand des Gleichgewichts. Dies ist die beste Art von Grundlage, auf der Sie Ihren Weg des Lichts und der bedingungslosen Liebe aufbauen können. Angesichts des

Umstands, dass sich die 444 in der Quersumme auch auf die 3 reduzieren lässt, vergessen Sie nicht, dass Hindernisse Ihren Weg säumen können und Sie in Ihren Bemühungen beständig bleiben sollten. Es ist möglich, dass das Universum Ihre Entschlossenheit, Ihre soliden und stabilen Grundlagen zu wahren, auf die Probe stellen wird. Doch wenn Sie Ihre Ziele im Sinn behalten, wird alles bestens verlaufen.

Sequenz 555

Diese Sequenz trägt die Energie der Zahl 5 und damit jene der Überwindung des Egos. Die Zahl 5 ist da, um Ihnen zu sagen, dass es womöglich unerwartete Hindernisse zu überwinden gilt. Die Sequenz reduziert sich auf die 6; Spannungen können aus früheren Leben stammen oder auf nicht erfüllte Seelenverträge zurückgehen. Was auch immer es für ein Karma sein mag, das auf eine Bereinigung wartet, Sie sind stark genug, um diese Probleme zu lösen und zu heilen. Das Universum gibt Ihnen nur eine Vorwarnung, damit Sie nicht überrascht werden.

Sequenz 777

Diese Sequenz ist die Bestätigung, dass Sie viel Arbeit geleistet haben, um Ihr spirituelles und emotionales Bewusstsein wachsen zu lassen. Sie haben sich weiterentwickelt, denn die Ziffer 7 ist die eines allmählichen, aber tiefen Wachstums. Sie haben Samen in Ihren inneren Garten gesät, den Sie nun wässern können. Ihre Zwillingsflamme wird sich ebenfalls ihrer einschränkenden Schemata bewusst. Da sich 777 in der Quersumme auf 3 reduziert, handelt es sich trotzdem um eine Art Prüfung. Es gilt, sich zu überwinden.

Wenn Sie an Ihrer Flamme oder gar an der Legitimität Ihres Weges zweifeln, bitten Sie ruhig um eine Bestätigung oder einen Ratschlag. Sie können diese Bitte laut aussprechen, indem Sie eine präzise Forderung stellen, oder auch in Ihrem Inneren. Seien Sie offen für die Antworten des Universums.

Es ist wichtig anzumerken, dass die Botschaften Sie nicht erreichen, wenn Sie sie suchen, sondern nur wenn Sie bereit sind, sie zu empfangen. Je nach Situation können Sie diese Sequenzen sogar empfangen, ohne darum ersucht zu haben. In diesem Fall akzeptieren Sie die Botschaft so, wie sie ist.

Zwillingsflammen und Astrologie[4]

Mit der Astrologie lassen sich leicht bestimmte Verbindungen aufspüren, die vorherbestimmt zu sein scheinen. Was die Zwillingsflammen betrifft, gibt es mehrere potenzielle Indikatoren dafür, ob Sie sich in der Gegenwart Ihrer Zwillingsflamme befinden oder nicht.

Die Indikatoren früherer Leben in der Synastrie (einer Methode, bei der zwei Geburtshoroskope in Beziehung zueinander gesetzt werden) lassen sich einfach erkennen und weisen häufig auf eine karmische Schuld hin. Die Ereignisse Ihrer früheren Leben können auf die Ereignisse Ihrer aktuellen Beziehung und auf Ihre Haltung zu Ihrer Zwillingsflamme Einfluss nehmen.

Auf der Ebene der Aspekte bildet die Konjunktion die machtvollste Winkelbeziehung. Sie lässt die Energie der beteiligten Planeten vollkommen fusionieren. Das Quadrat und die Opposition sind die beständigsten Aspekte, bei denen die Energien unterschiedlich sind und sich folglich aneinander anpassen müssen. Natürlich sind alle Aspekte wichtig; dennoch haben die Konjunktion, das Quadrat und die Opposition einen größeren Einfluss auf die emotionale Intensität der Beziehung mit Ihrer Zwillingsflamme.

Wichtig!

Ein einziger Aspekt vom Typ »Zwillingsflamme« in Ihrer Synastrie reicht nicht aus. Es ist gleichermaßen wesentlich, die Gesamtheit der beiden Themen anzusehen. Um zu erfahren, ob Sie Beziehungsindikatoren für eine Zwillingsflammen-Beziehung in Ihrer Synastrie haben, müssen Sie sich vor allem auf die folgenden Elemente konzentrieren:

- der Vertex;
- der aufsteigende (nördliche) und der absteigende (südliche) Mondknoten;
- die Winkel: der Aszendent und der Deszendent, aber auch der Imum Coeli (IC) und der Medium Coeli (MC);
- Saturn;
- das zwölfte Haus;
- der Asteroid Juno;
- der Asteroid Chiron.

Der Vertex

Der Vertex wird in erster Linie in der Synastrie verwendet. Es ist ein fiktiver Punkt, der sich in der rechten Hemisphäre des Geburtshoroskops befindet. Die Aspekte des Vertex sind mögliche Indikatoren von Beziehungen des Typs »Zwillingsflamme« in der Synastrie. Wenn die Planeten oder Winkel Ihrer Flamme mit Ihrem Vertex in Konjunktion stehen, sind die Chancen recht hoch, dass Sie auf plötzliche und unerbittliche Weise voneinander angezogen werden.

Der aufsteigende und der absteigende Mondknoten

In der Astrologie gibt es zwei Mondknoten: den aufsteigenden nördlichen und den absteigenden südlichen. Sie stehen einander gegenüber. Der aufsteigende Mondknoten zeigt Ihre Zukunft, die Richtung, in die Sie gehen sollten. Der absteigende Mondknoten hingegen stellt Ihre Vergangenheit dar, das, woher Sie kommen. Sehr oft sind die Planeten Ihrer Zwillingsflamme, insbesondere die persönlichen Planeten wie Sonne, Mond, Merkur, Venus oder Mars, in Konjunktion mit Ihrem aufsteigenden Mondknoten oder umgekehrt. Sie sind potenzielle Anzeichen dafür, dass Sie frühere Leben gemeinsam verbracht haben. Diese Aspekte weisen auf eine fast sofortige gegenseitige Anziehung hin.

Die Winkel

Wenn der Planet einer Person mit unseren Winkeln (Aszendent, Deszendent, Imum Coeli (IC), Medium Coeli (MC)) zusammenwirkt, sehen wir diese Person als jemanden an, der einen bestimmten planetaren Archetyp verkörpert und uns auf instinktive Weise anspricht. Wir sind sehr empfänglich für ihre Energie, und wir fühlen uns verpflichtet, sie – koste es, was es wolle – in unser Leben zu integrieren. Die Konjunktionen zu den Geburtswinkeln zwischen den Themen sind unmittelbar spürbar. Der Winkel Aszendent/Deszendent ist jener, an den wir am ehesten denken, wenn es um die Beziehungen vom Typ der Zwillingsflammen geht. Dennoch können auch die Verbindungen von Imum Coeli / Medium Coeli sehr intensiv sein. Die Kontakte mit dem Imum Coeli weisen auf tiefgehende familiäre Probleme hin und auf solche, die mit persönlicher Macht zu tun haben: Die Kontakte vom Medium Coeli betreffen unsere Gefühle hinsichtlich unseres Platzes in der Welt und die Art, wie wir unsere Macht nutzen.

Saturn

In der Astrologie ist Saturn der Planet von Karma und Vergangenheit. Wenn Saturn in der Synastrie Aspekte aufweist, dann weil es im Allgemeinen eine sehr starke Verbindung zwischen den zwei Personen gibt; dies kann daher ein Anzeichen für eine Beziehung vom Typ der Zwillingsflammen sein. Ein jeglicher Aspekt des Saturns zu den persönlichen Planeten lässt die Vergangenheit für die Beziehung wichtig erscheinen. Saturn ist kein einfacher Planet: Er bringt Einschränkungen, Kälte und Frust mit sich. Die positive Manifestation seiner Energie kann ein langes Leben und eine Beziehung sein, die dauerhaft lebendig ist.

Das zwölfte Haus

Das zwölfte Haus ist das letzte im Tierkreis und wird mit dem Sternzeichen der Fische verbunden. Es korrespondiert mit Spiritualität, Innenschau und der Entdeckung des universellen Bewusstseins. Dieses Haus ist nebulös und mysteriös, und es enthält all unsere Geheimnisse. In der Synastrie spielt es eine bedeutende Rolle bei der Beziehung vom Typ der Zwillingsflammen. Wenn die Planeten Ihrer Flamme in Ihr zwölftes Haus fallen, können sie auf gemeinsame frühere Leben und eine fast telepathische Verbindung hinweisen. Es entsteht eine sehr starke spirituelle Verbindung, mit der Vorstellung, mit dem anderen zu verschmelzen, damit Sie ganz eins mit Ihrer Flamme sind.

Der Asteroid Juno

In der römischen Mythologie ist Juno der Name der Frau von Jupiter. Der Asteroid wird mit Hochzeit und Familienleben verbunden. Im Geburtshoroskop hat Juno viel mit dem Herannahen Ihrer Hochzeit zu tun sowie damit, welchen Typ von Partner Sie wahrscheinlich anziehen werden. Er liegt astronomisch gesehen zwischen Mars (der Liebhaber) und Jupiter (der Ehemann). Die Aspekte von Juno können für eine starke Übereinstimmung in der Liebe stehen. Betrachten Sie genau die Aspekte von Juno zum Aszendenten oder Deszendenten und zu persönlichen Sternen Ihrer Zwillingsflamme, wie Sonne, Mond, Merkur, Venus und Mars.

Der Asteroid Chiron

Chiron ist ein Asteroid, der erst vor relativ kurzer Zeit entdeckt wurde, dessen Bedeutung in der Astrologie jedoch rasch gewachsen ist. Dieser Asteroid steht für die emotionale Wunde, die wir in unserem tiefsten Inneren tragen und die niemals heilen wird. In dem daraus entstandenen Schmerz befindet sich unser Potenzial, das wir als Heiler zu realisieren haben. Der Teil unseres Themas, in dem sich Chiron findet, gibt uns Aufschluss über die Art der emotionalen Verletzung sowie über die Kräfte, mit deren Hilfe wir sie überwinden können. In einer Zwillingsflammen-Beziehung ist es unabdingbar, dass wir unsere Verletzungen verstehen, damit wir spiegelbildlich heilen können. Alle Planeten unserer Zwillingsflamme, die unseren Chiron in der Synastrie berühren, haben großen Einfluss auf unsere Fähigkeit, unsere Verletzungen zu transzendieren und auf diese Weise die Welt zu zweit zu heilen.

GESCHICHTEN VON ZWILLINGSFLAMMEN UND ÜBUNGEN

Berühmte Zwillingsflammen

Seit der Antike sind in der Geschichte zahlreiche Zwillingsflammen-Paare zu finden. Einigen von ihnen ist es gelungen, die Verschmelzung zu verwirklichen, andere konnten sie tragischerweise nicht integrieren.

Kleopatra und Marcus Antonius

Wie könnte man von Zwillingsflammen sprechen, ohne das tragische Paar der letzten Königin Ägyptens und des römischen Feldherren zu erwähnen?

Mit der Ermordung von Julius Cäsar verliert Kleopatra ihren letzten Beschützer. Verletzlich und der Willkür des römischen Senats ausgesetzt, bangt die Königin um ihr Reich. Marcus Antonius ist ein ehrgeiziger General; nach dem Tode Cäsars fällt ihm die Führung der östlichen Provinzen des Römischen Reiches zu, darunter auch Ägypten. Er zitiert daher Kleopatra zu sich, die legendäre Herrscherin, deren zweifelhafter Ruf den Glanz ihrer Krone überstrahlt. Sie trifft mit großem Pomp auf einer goldenen und silbernen Galeere ein. Als Nereiden kostümierte Dienerinnen tanzen zu Flöten- und Harfenmusik. Im Zentrum dieser Pracht thront, von durchscheinenden goldenen Tüchern umhüllt, die Silhouette Kleopatras, die sich als Aphrodite verkleidet hat. Marcus Antonius ist überwältigt; noch nie hatte er Vergleichbares gesehen. Die Selbstsicherheit dieser Frau hypnotisiert ihn. Sie ist kultiviert, spricht Griechisch und kennt sich mit allen Psychospielchen aus. Marcus Antonius ist einer der mächtigsten Männer der damals bekannten Welt. Er ist stark, unerschrocken, exzessiv und schwungvoll – ein ebenbürtiger Gegner für Kleopatra. Sie entbrennen in gleißender Liebe.

Ihre Idylle ist gleichbedeutend mit Pomp: immer noch grandioser und raffinierter. Sie lieben es, sich zu verkleiden und Rollenspiele zu veranstalten. Ihre Bankette sind dekadente Wettstreite: wer am meisten trinken kann, wer als Erster einschläft, nachdem er sich an der Liebe berauscht hat. Die Lust kennt keine Grenzen, nur den Exzess. Sie erfinden das Konzept von Amimetobion, des unnachahmlichen Lebens.

Kleopatra verliert dennoch ihr Königreich nicht aus den Augen, das sie um jeden Preis vor weiterem römischen Einfluss bewahren will. Marcus Antonius, der von der Liebe zu seiner Königin besessen ist und oft in Ägypten weilt, macht sich Octavian, den anderen Herrscher des Römischen Reichs, der gern Kaiser werden würde, zum Feind. Man stellt seine Treue zu Rom infrage. Auf welcher Seite steht sein Herz?

Marcus Antonius ist gezwungen, nach Rom zurückzukehren und Octavia, die Schwester Octavians, zu heiraten.

Der Abschied ist herzzerreißend. Kleopatra hat gerade Zwillinge zur Welt gebracht. Die Jahre, die er von seiner Geliebten entfernt leben muss, lassen Marcus Antonius fürchterlich leiden; als er es nicht mehr aushält, verlässt er Rom und kehrt ins Land der Pharaonen zurück.

Als aufgeklärte Königin verliert Kleopatra ihr Ziel nicht aus den Augen, nämlich, Ägypten seine ehemalige Pracht wiederzugeben. Sie reformiert das Geldsystem, setzt die Handelsrouten dank römischer Darlehen instand und hat keine Skrupel, die römischen Monopole zu zerschlagen. All dies mit dem Segen von Marcus Antonius. Sie will eine freie Königin sein. Die Streitereien des Paares sind denkwürdig; Zeugen berichten von Wutanfällen und Eifersuchtskrisen. Das Paar fetzt sich, kann sich aber nicht voneinander trennen. Sie vergleichen sich mit dem mythischen Paar Isis und Osiris.

Rom beobachtet all dies mit kritischem Auge: Die Treue von Marcus Antonius zu seinem Volk ist unklar. Octavian sieht darin die perfekte Gelegenheit, seinem Rivalen den Krieg zu erklären.

Die Schlacht tobt, und der Ausgang ist gewiss. Doch bald scheint der Krieg verloren. Kleopatra flieht mit ihren Kindern, um Zeit zu gewinnen. Sie weiß, was Kriegsgefangenen droht: Sie werden öffentlich gedemütigt. Sie kann diese Vorstellung nicht ertragen. Sie denkt sofort an ihren Liebhaber, und sie weiß, dass er es nicht aushalten könnte, sie eines mutigen Todes sterben zu sehen, ohne ihr in die andere Welt folgen zu wollen. Sie sendet Marcus Antonius eine Botschaft, in der sie ihm ihren Selbstmord ankündigt. Wahnsinnig vor Schmerz, ersticht sich Marcus Antonius mit einem

Breitschwert. Er stirbt als römischer Soldat. Beruhigt, dass ihn niemand mehr lebend vorfinden kann, vergiftet sie sich und stirbt als ewige Königin.

Dieses Paar hat es leider nicht geschafft, die Wiedervereinigung zu vollziehen, aber wir können hoffen, dass sie sich schließlich in einer neuen Inkarnation vereinigen werden.

Heloise und Abaelard

Eine großartige Geschichte von Zwillingsflammen ist die des Paares Heloise und Abaelard. Wir schreiben das 12. Jahrhundert in Frankreich. Abaelard ist gut aussehend und außergewöhnlich begabt. Sein feinsinniger Geist macht ihn zu einem der meistbewunderten Männer Europas. Als talentierter Intellektueller wählt er die kirchliche Laufbahn, die gleichbedeutend mit akademischen Studien ist. Er übertrifft seine Lehrer, denen er auf seinen zahlreichen Reisen begegnet. Alle sind sich darin einig, dass seine Gedanken originell sind und er einen Charakter wie ein »ungezähmtes Rhinozeros« habe.

Die dreizehn Jahre jüngere Heloise stammt aus einer verarmten Adelsfamilie. Ihr Schicksal scheint bereits vorherbestimmt: Sie muss so schnell wie möglich heiraten. Ihr Onkel, ein ehrgeiziger Kleriker, beschließt daher, sie studieren zu lassen, was bis dahin nur den Männern vorbehalten war. Heloise ist begeistert und brilliert in den Studienfächern. Ihre Kenntnisse sind unerhört. Abaelard, der wahrscheinlich vom Ruf der jungen Frau, der ihr vorauseilt, angesprochen ist, wird ihr Privatlehrer. Ihre Begegnung verwandelt sich schnell in eine Amour fou. Abaelard schreibt ein Lied über die Schönheit von Heloise, das schon bald überall auf den Straßen von Paris gesummt wird. Er überschwemmt sie mit leidenschaftlichen Briefen, weiß er doch um die Empfänglichkeit von Heloise für geistreiche Worte.

Sie sind unzertrennlich. Sie verstecken sich nicht einmal mehr. Ihre Liebe ist grenzüberschreitend, lodernd, aber unbeständig; manchmal kommt es zu Gewalt. Ihre erotischen Abenteuer feiern sie in Liebesnächten, in denen sich Dominanzspiele und Lust vermischen. Die Gerüchte erreichen die ganze höhere Gesellschaft von Paris, die über die Beziehung eines Klerikers mit einer Frau entsetzt ist. Abaelard wird fortgejagt, aber dies schürt nur noch das Feuer ihrer gegenseitigen Anbetung. Nichts kann sie aufhalten.

In einer Liebesnacht ertappt ihr Onkel das Paar. Es ist sehr ernst! Abaelard plant daraufhin die Entführung seiner Herzgeliebten. Als Nonne verkleidet, flüchtet sie, als ihr Onkel gerade abwesend ist. Sie ist schwanger. Sie finden auf den Ländereien von Abaelard Zuflucht, wo die Männer ihres Onkels sie nicht finden können. Abaelard hat vor, Heloise zu heiraten. Doch sie lehnt diese Idee ab: Sie zieht es vor, »Hure« zu bleiben und nicht die blühende Karriere des Mannes zu zerstören, den sie liebt. Dennoch wird die Heirat verkündet. Trotz seiner großen Liebe zu Heloise hält Abaelard ihre Verbindung im Innersten für ein Hindernis. Er erträgt die Vorstellung nicht, ein Familienvater zu sein. Er kann inmitten einer kreischenden Kinderschar keine Bücher schreiben. Abaelard ist bereit, ein Ehemann zu sein, wenn Gott es von ihm verlangt, aber sich in ein geordnetes Leben zu fügen, das nicht! Er überzeugt Heloise, sich zu opfern und sich in einem Kloster zu verstecken, damit das Geheimnis, das seine Reputation ruinieren würde, gewahrt bleibe. Aber er tut es auch, um sich jeglicher Verantwortung zu entziehen. Heloise bricht es das Herz, aber sie fügt sich.

Doch wieder einmal können die beiden Flammen ihre Leidenschaft nicht zügeln, allen guten Absichten zum Trotz. Abaelard klettert über die Mauern des Klosters, sucht Heloise auf, um vor aller Augen Unzucht mit ihr zu treiben. Eine Nonne beklagt sich sogar, dass sie sie »auf den Tischen des Refektoriums« überrascht hätte.

Der Onkel von Heloise fühlt sich ein weiteres Mal verraten. Er wird von vielen verspottet. Heloise führt kein respektables Leben. Er befiehlt ein nicht wiedergutzumachendes Verbrechen: die Kastration von Abaelard.

Der sieht sein Leben Stück für Stück in die Brüche gehen. Sein ganzer Ehrgeiz fällt ins Wasser. Er kann nicht mehr weiterkommen, denn seine Verstümmelung wird als »unrein« angesehen. Die einzige Zukunft, die sich ihm bietet, ist Mönch zu werden.

Aber deshalb vergisst er Heloise nicht. Aus Angst bei der Vorstellung, sie könne ihr Leben von Neuem ohne ihn beginnen, verlangt er von ihr, dass sie ihrerseits Nonne wird. Von Schuldgefühlen und Schmerz geplagt, akzeptiert Heloise gegen ihren Willen, endgültig aus der Welt zu verschwinden. Ohnmächtig und misstrauisch legt Abaelard sein Gelübde erst ab, nachdem er sich versichert hat, dass Heloise in den Frauenkonvent eingetreten ist. Sie fühlt sich verraten und hat den Eindruck, auf den Mann, den sie immer geliebt hat, hereingefallen zu sein.

Nach dieser unausweichlichen Trennung wird die Korrespondenz zwischen Heloise und Abaelard seltener. Man darf annehmen, dass jeder mit seinem eigenen Kummer zu tun hatte. Heloise spricht von »drei Jahren, aus denen ich erschöpft und schwankend hervorging«.

Allerdings bringt die Zeit die beiden Flammen einander letztlich wieder näher, und sie führen bis ans Ende ihrer Tage einen reichen Briefwechsel. Heloise hört nicht auf, ihre Erinnerungen an die Jugend und ihre Tändeleien wachzurufen. Doch es ist auch ihr enormer Beitrag zur Philosophie und dem religiösen Denken, der den Rest des Lebens der beiden Flammen kennzeichnet. Jede stimulierte die andere dazu, noch weiter zu suchen und die Reflexion in die höchsten Sphären voranzutreiben. Dieses Zwillingsflammen-Paar hat seine Wiedervereinigung im Kern trotz einer physischen Trennung vollzogen. Ironie des Schicksals: Sie ruhen in Ewigkeit Seite an Seite auf dem Friedhof Père-Lachaise in Paris.

Katharine Hepburn und Spencer Tracy

Das mythische Paar jenseits des Atlantiks ist der Archetyp der Zwillingsflammen-Beziehung. Katharine Hepburn und Spencer Tracy haben sowohl auf der Leinwand als auch weit von den Kameras entfernt eine leidenschaftliche Liebesgeschichte erlebt. Eine Liebesbeziehung, so kompliziert wie unerschütterlich, die sich über drei Jahrzehnte erstreckte und erst mit dem Tod von Spencer Tracy endete. Unglücklicherweise hatte das Paar niemals Gelegenheit, seine Passion offen zu leben.

»Es war ein einzigartiges Gefühl, das ich für Tracy empfand«, wird Hepburn in seiner Autobiografie zitiert. »Ich habe ihn geliebt … Ich hätte alles für ihn getan.« Ihre Schauspielerfreunde sagen, dass Hepburn »blindlings« in Tracy verliebt war.

Alles beginnt, als Tracy eine Rolle in seinem ersten mit Katharine geplanten Film angeboten bekommt. Im letzten Augenblick ändert er seine Meinung und fliegt nach Florida. Die Dreharbeiten werden abgesagt, sein Agent hat einen besseren Vertrag für ihn gefunden. Doch als die Dreharbeiten für diesen Film beginnen, macht eine Invasion von Heuschrecken jegliche Aufnahmen zunichte. Tracy hat keine Wahl und kehrt nach Kalifornien zurück, wo er Katharine zum ersten Mal begegnet. Er spricht von einer »göttlichen Intervention«. Nichts hatte diese beiden, die ganz gegensätzliche Charaktere sind, auf eine Beziehung vorbereitet: Sie ist unabhängig, Freidenkerin, Feministin und progressiv. Er ist katholisch, Familienvater, konservativ und nicht besonders wissbegierig. Er ist genauso raubeinig, wie sie delikat ist. Doch die Anziehungskraft zwischen den beiden ist geradezu elektrisch.

Auch wenn es sich um ein offenes Geheimnis in Hollywood handelt, wird die Verbindung geheim gehalten. Als strikter Katholik fühlt Tracy sich schuldig, Ehebruch begangen zu haben, und er hält die Gehörlosigkeit eines seiner Söhne für eine göttliche Strafe für seine Sünden. Er wagt es nicht, sich von seiner Frau scheiden zu lassen, hält es aber nicht mehr bei ihr aus. Er sehnt sich nach Katharine, immer und immer wieder. Seine Verzweiflung ertränkt er im Alkohol.

Katharine ist machtlos, kann Tracy nicht zur Vernunft bringen. Sie beschreibt ihren Liebhaber als Gefolterten; dennoch ist sie bereit, auf ihn zu warten. Ihr ganzes Leben ist dieser Liebe gewidmet. Für ihn nimmt sie das an, was sie allen anderen verweigert hat: im Schatten zu bleiben, illegitim zu bleiben.

Katharine erlebt viel Kummer. Sie hat die volle Wucht der Wutanfälle Spencers und seine Delirien unter Alkoholeinfluss zu ertragen. Wenn ihre Schauspielerkollegen fragen, weshalb sie das schlechte Benehmen Spencers hinnimmt, antwortet sie mit Wohlwollen: »Man sucht sich nicht aus, in wen man sich verliebt.«

Sie liebt Tracy von ganzem Herzen. Sie ist das letzte Licht im Leben ihres Geliebten. »Am Set war sie die überfürsorgliche Mama für Tracy – gab ihm seine Pillen, Milch für sein Geschwür, ging Kaffee holen, setzte sich ihm zu Füßen und schaute ihn voller Verehrung an, ihre Rehaugen zum Himmel gehoben. Er hielt ihre Hände und lächelte. Sie strahlten eine andere Aura aus, wenn sie zusammen waren.«

Hepburn spielt weiter Rollen, die sie sich nach inhaltlichen Kriterien aussucht und weniger nach dem, was sie einspielen. Sie ist oft abwesend und lässt ihre Beziehung zu Tracy im Unklaren. Als die Gesundheit des Mannes, den sie liebt, sich jedoch Ende der 1960er-Jahre zu verschlechtern beginnt, lässt Hepburn alles stehen und liegen, um an seiner Seite zu sein, wobei sie bekräftigt, sie wolle lediglich »da sein, damit er sich keine Sorgen macht oder sich allein fühlt«. Sie wird bis zu seinem Tod nicht von seiner Seite weichen.

Ohne ihre bessere Hälfte findet Katharine nicht wieder zurück in ihr Leben. Sie bleibt Tracy auf immer treu. Einige Monate vor ihrem Tod fragt man sie, warum sie so lange unter so schwierigen Umständen bei Tracy geblieben sei. Mit Tränen in den Augen und zitternder Stimme antwortet sie: »Ehrlich gesagt, ich weiß es nicht. Ich kann nur sagen, dass ich ihn niemals hätte verlassen können. Die 27 Jahre, die wir zusammen verbracht haben, waren die schönsten meines Lebens. Ich bereue nichts. Ich sehne mich nur danach, wieder mit ihm zusammen zu sein.«

Wie kann man eine so starke Liebe nicht bewundern?

Aurelia und Alexander

Die Geschichte, die ich Ihnen hier erzählen möchte, ist die einer Ratsuchenden, die ich vom Anfang ihrer Beziehung an persönlich begleitet habe. Die Namen und einige Ereignisse wurden verändert, um die Privatsphäre der beiden Beteiligten zu schützen.

Aurelia ist eine brillante Frau aus einer Familie in bescheidenden Verhältnissen, die durch hartnäckige Arbeit und gute Gestimmtheit die berufliche Karriereleiter erklimmen konnte.

Von Alexander hört sie zum ersten Mal, als ihre Schwester von ihm spricht. Als diese ihr Urlaubsfotos zeigt, ist Aurelia von diesem großen dunkelhaarigen Mann mit dem rätselhaften Lächeln fasziniert. »Wer ist das?«, fragt Aurelia, sodass die Schwester zu den vorherigen Fotos zurückblättern muss. »Der Cousin meiner Freundin … Erinnerst du dich nicht?« Doch, Aurelia erinnert sich an einen Abend, als dieser Mann von einer Schar von Mädchen umringt war, was ihr total missfiel.

Alexander hat Aurelia zum ersten Mal an diesem Abend gesehen, aber im Gegensatz zu ihr konnte er seinen Blick nicht von ihren Bewegungen abwenden. Er war es gewohnt, von ihn bewundernden Frauen umgeben zu sein; doch dieses Mal war es anders. Er hatte sich verliebt. Sie war die Frau, von der er geträumt hatte. Seit jenem Tag ging ihm das Bild von Aurelia nicht mehr aus dem Kopf. Er wusste nicht, wieso, aber er musste mit ihr in Kontakt kommen.

Als der Zufall es will, dass sie sich bei einem Abendessen anlässlich eines Geburtstags wiedersehen, ergreift Alexander seine Chance. Er macht ihr eifrig den Hof, bis sie ihm schließlich ihre Telefonnummer gibt. Einige Tage lang schreiben sie sich viele Botschaften. Sie rufen sich an. Ihre Unterhaltungen sind fesselnd und begeistert. Sie lachen, sie erzählen sich, was sie nicht einmal ihren besten Freunden zu gestehen gewagt hätten.

Als sie sich entscheiden, sich wiederzusehen, dieses Mal zu zweit, können sie nicht anders, als sich zu umarmen. »Es war, als würde nichts anderes außer uns mehr existieren, die Welt verschwand. Ich habe so etwas noch nie bei einem Kuss erlebt.« In einem wahnsinnigen Tempo werden sie zu einem Paar. In ihrer Liebesbeziehung können wir weitere Anzeichen für eine Zwillingsflammen-Beziehung erkennen. Ihr Liebe geht über die Sphäre des Verstehens hinaus. Sie haben beide etwas Strahlendes. Aurelia erinnert sich an Bemerkungen von Menschen aus ihrer Umgebung, nachdem sie in Alexanders Armen gelegen hat: »Hast du eine neue Frisur? Anderes Make-up? Du bist so strahlend schön!« Zum ersten Mal in ihrem Leben fühlt sie sich lebendig. Alexander ist überhaupt nicht so, wie sie dachte. Er ist ein sanfter Mann, präsent und verfügbar. Die Beziehung dauert mehrere Monate, sie geben einander das Beste. Aurelia nährt Alexander mit ihrer Präsenz, und Alexander umfängt sie mit seinem Schutz.

Doch in allen Märchen gibt es die böse Hexe. Hier nimmt sie die Form einer Überraschung an: Aurelia wird schwanger. Im ersten Augenblick freut sie sich, aber ihre Angehörigen holen sie schnell auf die Erde zurück: »Du bist viel zu jung für ein Kind!« »Du wirst deine Karriere in den Sand setzen.« »Du wirst dich gerade so über Wasser halten können.« »Das geht alles viel zu schnell.« Was sie jedoch letztlich zu einer Entscheidung treibt, ist die Reaktion Alexanders: Als er die Nachricht hört, gerät er in Panik. Für ihn steht es außer Frage, Papa zu werden. Aus Sorge um ihre Zukunft gibt Aurelia vor, die Antwort Alexanders nicht zu kennen, während er sie ständig mit Nachrichten überhäuft, die ihr das Herz brechen. Sie trifft die schwere Entscheidung, die Schwangerschaft abzubrechen.

Obwohl die Abtreibung ohne Zwischenfall verläuft und sie alle nötige Unterstützung aus ihrer Umgebung erhält, stürzt Aurelia in tiefe Verzweiflung. Alexanders Gegenwart lässt sie leiden; er versteht nicht, was sie empfindet. Aurelia verschließt sich wie eine Auster. Alexander fühlt sich seinerseits schrecklich abgelehnt. Das Verhalten seiner Partnerin erinnert ihn schmerzlich an das seiner Mutter.

Aurelia stürzt sich in die Arbeit. Alexander spürt nun nicht mehr, dass er die Nummer eins in Aurelias Leben ist. Er macht ihr viele Vorwürfe. Aurelia fühlt sich schlecht, nicht geliebt.

Jedes Mal, wenn Alexander mit ihr spricht, sind seine Worte verletzend. Aurelia macht zwar Anstrengungen, aber Alexander hört auf, ihr die gleiche Aufmerksamkeit zu schenken. Sie hat den Eindruck, er würde vor ihr flüchten. Er antwortet nicht mehr mit der gleichen Eilfertigkeit auf ihre Nachrichten. Wenn sie ihn sieht, artet es immer in Streit aus. »Ich erkenne mich nicht wieder. Ich weiß, dass ich ihn liebe, aber sobald ich mit ihm zusammen bin, läuft alles mies.«

Innerhalb weniger Wochen geht die Beziehung in die Brüche. Sie versucht ihm klarzumachen, dass die Beziehung ihren Tiefpunkt erreicht hat. Sie spricht von Trennung, aber anstatt ihn damit zu schockieren, wie sie gehofft hatte, scheint Alexander nicht zu reagieren: »Mach, was du willst.« Er unternimmt nicht einmal mehr die Initiative, sie zu sehen. Alle Initiativen kommen von Aurelia, die das Paar unter größten Anstrengungen zusammenhält. Sie ist erschöpft.

Aurelia beschließt ein letztes Mal, ihn zu besuchen. »Alexander, sag mir, dass du mich nicht mehr liebst. Sieh mir in die Augen und sag es mir. Wenn du das tun kannst, dann werde ich dir glauben und dich niemals wieder nerven. Ich bin bereit zu gehen, dich für immer loszulassen, wenn es das ist, was du willst.« Alexander ist wie versteinert, er antwortet nicht. Er begreift nicht, dass Aurelia einfach nur beruhigt sein will. Er fühlt sich zurückgewiesen, denkt, sie spiele mit seinen Gefühlen, nur um ihn schließlich, wie alle Menschen zuvor, zu verlassen. Er fühlt sich entsetzlich allein.

Das Schweigen von Alexander bestätigt die schreckliche Angst, die Aurelia den Magen umdreht … Also liebt er sie nicht. Er hat sie niemals geliebt. Er will sie nicht. Wie eine Endlosschleife wiederholt sie diese Worte in ihrem Geist. »Ich sehe, dass dies keinerlei Bedeutung für dich hat. Du zerstörst uns mit deiner Gleichgültigkeit, während so viele Menschen jeden Tag dafür beten, so etwas zu erleben, wie wir es jeden Tag gehabt haben. Bist du bereit, all das wegzuwerfen, als hätte es niemals existiert?« Sie kann ihre Tränen nicht zurückhalten.

Alexander ist niedergeschmettert. Er fühlt sich wie ein Idiot, besiegt und ohnmächtig. Er verdient Aurelia nicht; er wusste es von Anfang an. Er hat überhaupt nichts verdient. Seine Gefühle sind schmerzlich; er empfindet ein beklemmendes Bedürfnis, sich in seiner Blase abzukapseln, weit von diesem tumultartigen Wirbel entfernt. Er hätte sich niemals darauf einlassen dürfen, es gab viel zu viele Risiken. Er fühlte sich viel besser, bevor er sie kennengelernt hatte. Natürlich kannte er damals weniger Glück, aber er musste auch nicht so heftig leiden wie jetzt. »Ich kann nicht mehr. Ich bin nicht in der Lage, mehr zu tun.« Er will dem Ganzen ein Ende machen, schnell. Er will ausweichen, will, dass sie geht. Er will, dass sie ihn verachtet, dass sie niemals wiederkommt! In seinem Geist schrillen alle Alarmglocken. Er ist in Not. Die Antwort Alexanders lässt Aurelias Blut in den Adern gefrieren. Das ist nun das Ende.

Diese Szene wird das Paar ein Dutzend Mal wiederholen. Sie sind unfähig, sich zu trennen, aber auch unfähig, zu zweit glücklich zu sein. Sie hören nicht auf, sich zu versöhnen, sich zu streiten, sich Lappalien vorzuwerfen und sich dann wieder wie die Kinder zu umarmen, mit tränennassen Wangen. Aurelias Angehörige reagieren energisch: »Du zerstörst dich selbst«, sagen sie ihr. »Alexander ist Gift für dich. Er ist eine Droge, von der du dich so schnell wie möglich entwöhnen musst.« Doch Aurelia gelingt es nicht, dies zu akzeptieren. Sie weiß, dass es etwas gibt, das sie auf ewig mit Alexander verbindet.

Was Alexander angeht, so hat er den Eindruck, verrückt zu werden. Er liebt Aurelia zutiefst, so wie er sie verachtet. Manchmal zettelt er gar einen Streit an, um sie auf Abstand zu halten, da er seine Abhängigkeit von ihr nicht aushält. Sein Selbstwertgefühl ist am Boden; ihre unaufhörlichen Streitereien lassen bei ihm den Eindruck entstehen, nur ein Spielzeug in Aurelias Händen zu sein. Er rächt sich, indem er vorgibt, sie zu ignorieren. Es ist eine Frage des Stolzes! Auch er ist in der Lage, mit ihr zu spielen. Doch er weiß, dass er damit die Beziehung sabotiert, dass Aurelia wahrhaftig ist, dass sie die wundervollste Frau ist, die er je kennengelernt hat, und die einzige, die er jemals lieben wird.

Aurelia hält den Mangel an Fürsorglichkeit von Alexander nicht mehr aus. Sie hat schon genug Demütigungen erlebt; es wird niemals besser, und sie wird sich bewusst, dass die Beziehung nirgendwohin führt. Sie hat schon viel zu lange unter dieser Situation gelitten. Sie fühlt sich zerstört, zerschlagen und ausgenutzt. Sie stellt die Beziehung immer wieder infrage und zweifelt an ihrer Legitimation.

Sie stürzt in die dunkle Nacht der Seele. Aber selbst in der Dunkelheit sucht sie Alexander. Doch er kommt ihr nicht zu Hilfe. Er fühlt sich für ihren Schmerz verantwortlich. Er ist unfähig.

Im Herzen der Dunkelheit öffnet sich Aurelia für sich selbst. Sie begreift, was in dieser Beziehung auf dem Spiel steht. Sie analysiert, was sich in ihr abspielt und was die Beziehung in ihr wachruft. Mithilfe von Medizinern und Therapeuten reinigt sie sich von dem Erlebten. Sie befreit sich aus Familienschemata und unbewussten Weisungen. Sie begreift, dass Alexander nicht ihr gehört. Dass im Leben nichts sicher ist. Sie begreift, dass das, was ihr gehört, zu ihr zurückkommen wird, ganz gleich, was sie tut.

Sie lässt los. Vollkommen.

Nach einem letzten Streit zieht sie sich endgültig zurück. Aurelia bricht allen Kontakt ab. Sie weiß, dass die Beziehung nicht mehr weitergehen kann. Sie empfindet Frieden und weiß, dass es die richtige Entscheidung ist. Sie will nichts mehr erzwingen. Sie akzeptiert die Situation.

Anfangs denkt Alexander, das Schema würde sich noch einmal wiederholen und dass dieser Abstand nur zeitweilig sei. Dennoch spürt er tief in seinem Inneren, dass sich etwas verändert hat. Er ignoriert seine Angst. Er stellt sich vor, dass sie mit einem anderen zusammen ist, aber er wischt den Gedanken gleich wieder beiseite: »Sie könnte niemals einen anderen als mich lieben.«

Nur, sie kommt nicht zurück. Alexander wird fast verrückt und verliert vollkommen den Boden unter den Füßen. Er versucht, sie zu erreichen, erhält aber keine Antwort. Er ist am Boden zerstört und hilflos. Das schlimmste Szenario, das er sich vorstellen konnte, ist eingetroffen. Er ist verlassen worden; er hat den einzigen Menschen, den er liebt, verloren. Als er schließlich wieder von Aurelia hört, sind es schreckliche Nachrichten: Sie ist mit einem anderen zusammen. Seine Welt stürzt zusammen. Nun ist es an ihm, in die dunkle Nacht der Seele zu stürzen und eine Metamorphose zuzulassen.

Aurelia hat ein neues Leben mit Louis begonnen. Die Beziehung entwickelt sich in eine gute Richtung, und sie verhält sich nicht mehr so unreif, wie sie es zuvor getan hatte. Sie stellt fest, dass die Liebe auch sanft und zu gleichen Teilen von Geben und Nehmen geprägt sein kann. Sie versteht, dass sie den anderen nicht »retten« muss.

Dennoch bekommt sie immer wieder Zeichen, die ihre Gedanken beunruhigen. Ihr neuer Kollege heißt Alexander. Sie hebt immer die Augen zur Wanduhr, wenn diese gerade 11 Uhr 11 anzeigt. Sie hört im Radio den Lieblingssong von Alexander. Es ist, als hätte sich alles im Universum verschworen, sie Alexander nicht vergessen zu lassen. Trotzdem ändert sie nicht ihre Meinung. Sie drängt all dies aus ihrem Sinn. Sie hat einen Schlussstrich unter das gezogen, was ihr so wehgetan hat.

Alexander seinerseits kämpft darum, aus seiner dunklen Nacht der Seele aufzutauchen. Seine Dämonen suchen ihn heim, aber er gewinnt die Konfrontation. Durch diesen Sieg bekommt er die Gewissheit, dass er nun die entscheidende Schlacht führen muss: Er will die Möglichkeit wiedergewinnen, sein Leben mit Aurelia zu teilen. Ihm wird das Ausmaß, in dem er sie verletzt hat, bewusst. Der Schleier, der sein Bewusstsein bedeckte, ist gefallen.

Von einer neu entfachten Liebe beflügelt, übernimmt er seine Verantwortung und beschließt, mit größtmöglichem Respekt mit Aurelia in Kontakt zu treten. Er bedrängt sie nicht, erklärt ihr aber, dass er sie noch liebe und dass er Fehler begangen habe: »Du bist das Allerschönste in meinem Leben, und ich fühle mich bereit, mit dir ein neues Leben aufzubauen. Ich war egoistisch, inkonsequent und feige. Du hast mein Verhalten nicht verdient. Ich weiß, dass du ein neues Leben angefangen hast, und ich akzeptiere das. Aber ich wollte dich einfach wissen lassen, wie sehr ich dich liebe. Dieses Gefühl wird sich niemals ändern.«

Aurelia spürt in der Tiefe, dass das, was Alexander sagt, wahr ist. Sie weiß, dass diese Liebe einzigartig ist. Sie ist zwar in ihrer neuen Beziehung glücklich, aber mit Alexander ist da noch etwas anderes. Sie antwortet nicht sogleich. Sie denkt nach.

Alexander ist bereit. Er würde, falls nötig, sein ganzes Leben lang auf sie warten. Das Leben ohne sie ist eine Qual, aber es ist ein Preis, den zu zahlen er bereit ist, wenn er die Chance haben will, sie an seiner Seite wiederzusehen. Er trägt sein Kreuz.

Aurelia, die mittlerweile ihr Ego hinter sich gelassen hat, befragt ihre innere Führung. Was ist gut für sie? Was verspürt sie im tiefsten Inneren? Natürlich ist die Angst zu leiden immer da, aber sie hat gelernt, sich nicht mehr von ihr leiten zu lassen. Der Kompass ihres Herzens sagt ihr, sie solle zu Alexander zurückkehren. Sie fasst also allen Mut zusammen und kehrt zu ihrer einen und einzigen Liebe zurück.

Das Wiedersehen ist anders als ihre früheren Versöhnungen. Es ist wie eine Selbstverständlichkeit. Die Leidenschaft wurde durch Bewunderung und ein tiefes Gefühl von Sicherheit ersetzt.

Aurelia hat gemeinsam mit Alexander ein Zentrum für ganzheitliche Heilung gegründet. Sie hilft Menschen, die keinen Sinn mehr im Leben sehen, wieder auf ihren Lebensweg zurückzufinden. Alexander begleitet sie und managt die gesamte Kommunikation. Er ist es, der ihr Projekt zu neuen Horizonten führt und wachsen lässt.

Ich empfinde unendliche Dankbarkeit, die Entwicklung von Menschen wie Aurelia und Alexander begleiten und beobachten zu dürfen. Es ist eine Freude, die ich in meinem Alltag immer wieder hervorholen und spüren kann.

Als ich auszuwählen hatte, welche Berichte von Zwillingsflammen ich in dies Buch aufnehmen sollte, erhielt auch ich eine Antwort vom Universum. Aurelia hatte mir eine Nachricht geschickt, um mir eine gute Botschaft zu übermitteln: Sie erwarte ein Kind. Was gäbe es Schöneres, um einen solchen Bericht zu beenden?

Dank an die Quelle, an Aurelia und an Alexander.

Praktische Übungen

Die Trennung und ihre Gründe verstehen

Im Allgemeinen ist das Erste, was Ihnen bei der Trennung in den Sinn kommt, die Frage: Warum? Wie ist es so weit gekommen? Und dann beginnt eine fürchterliche Spirale der Schuldzuweisungen, aus der Sie nicht mehr herausfinden.

Doch diese Trennung ist wahrscheinlich das Beste, was Ihnen passieren konnte. Auch wenn diese Entscheidung Sie sehr stark leiden lässt, ist sie ein Anzeichen für ein Unbehagen in der Beziehung, sowohl, was Sie persönlich angeht, als auch auf gemeinsamer Ebene. Idealisieren Sie Ihre Beziehung daher nicht, denn wenn sie zu Ende gegangen ist, heißt das, dass sie nicht mehr funktioniert hat und keine Zukunft mehr hatte.

Tauchen Sie wieder auf und stellen Sie die richtigen Fragen.

Beginnen Sie damit, hinsichtlich Ihrer Beziehung Bilanz zu ziehen. Notieren Sie alle markanten Ereignisse in der Geschichte Ihrer Liebe: Ihre Begegnung, Ihren ersten Kuss, Ihren ersten Streit. Seien Sie beim Erstellen der Liste so genau wie möglich. Vergessen Sie auch nicht die damalige Situation Ihrer Begegnung: Wie waren Sie damals? Was haben Sie persönlich in Ihrem Leben gemacht?

Diese Fragen sind maßgebend, um den Zusammenhang, in dem sich Ihre Beziehung entwickelt hat, einschätzen zu können. Stellen Sie sich vor, Ihre Beziehung hätte ihren Anfang genommen, als Sie beide noch Studenten waren und bei den Eltern gewohnt haben. Jetzt arbeiten Sie und haben drei schöne Kinder; sie wohnen am anderen Ende des Landes, weit von den jeweiligen Familien entfernt. Dieser Wechsel der Umgebung und der Umstände beeinflusst zwangsläufig Ihre Beziehung.

Versuchen Sie auch aufzuschreiben, in welchem Augenblick sich Ihre Beziehung zu verschlechtern begann. Gibt es ein spezielles Ereignis, das der Trennung vorausgegangen ist, oder ist die Beziehung mit der Zeit zerfasert? All diese Informationen werden Ihnen dienlich sein.

Auf einem anderen Blatt Papier schreiben Sie nun alle Motive für Streit auf, an die Sie sich erinnern können. Schreiben Sie sie während einer Woche in einem Zuge auf, ohne sie noch einmal zu lesen. Machen Sie diese Übung mehrfach am Tag. Am Ende der Woche lesen Sie das Geschriebene wieder durch. Können Sie die Problematik erkennen? Gab es Wiederholungen bei den Konfliktmotiven? Vergleichen Sie diese

Konflikte mit Ereignissen in Ihrem Leben als Paar. Erkennen Sie Korrelationen?

Eine andere sehr wichtige Frage, die es zu stellen gilt, ist die nach der Absicht. Haben Sie die gleichen Absichten und Ziele verfolgt? Denn selbst wenn die Unterschiede am Anfang der Beziehung bereichernd sind und die Beziehung sogar anregen können, ist die Lebensfähigkeit des Paares infrage gestellt, wenn es kein gemeinsames Projekt gibt.

Hatten Sie Differenzen, die beim anderen den Eindruck erweckten, Sie mitziehen zu müssen oder von Ihnen gebremst zu werden?

Bei Zwillingsflammen-Paaren konnte ich im Allgemeinen feststellen, dass Differenzen in den Zielen nicht einmal besprochen wurden und große Frustration nach sich zogen. Sie übergehen daher gewisse Sätze, Bemerkungen oder Forderungen, die Ihr Partner während Ihrer gemeinsamen Zeit hat verlauten lassen. Das ist vollkommen normal. Mit der Zeit vergessen wir oft, dass unser Partner eine eigene Sicht auf die Dinge hat. Diese ist von seiner Lebensgeschichte, seiner religiösen und kulturellen Erziehung geprägt. Versuchen Sie, sich noch einmal in die Beziehung hineinzuversetzen und die Dinge aufzudecken, die zwar oft wiederholt, aber zu häufig vergessen wurden.

Sich an das letzte Gespräch zu erinnern gibt ebenfalls wertvolle Hinweise auf die Art des Unbehagens bei Ihrem Partner.

Was hat er genau gesagt, bevor er die Beziehung verlassen hat? Das ermöglicht Ihnen zu erfahren, was er von Ihnen erwartet hat. Das ist eine nicht zu unterschätzende Trumpfkarte, wenn Sie ihn wiedersehen.

Stellen Sie sich auch folgende Fragen: Welche Bedürfnisse hatte Ihre Flamme? Hat sie während Ihrer Beziehung Wünsche geäußert, die nicht mit dem Leben, das Sie führten, im Einklang waren? Welche Bedürfnisse hatten Sie? Haben Sie darauf geachtet? Haben Sie auf sie verzichtet oder sie im Gegenteil der anderen Person aufoktroyiert?

Stellen wir uns beispielsweise vor, Sie hätten gern auf dem Land gelebt, Ihre Flamme hingegen wollte sich an ihrem Arbeitsplatz weiterentwickeln, der sich mitten in der Hauptstadt befand und keinen Wechsel erlaubte. Angesichts Ihrer Begeisterung und Ihrer Bemerkungen über Ihr Unbehagen in der Stadt hat Ihre Flamme womöglich gedacht, Ihre beiden Projekte seien nicht kompatibel, und daher beschlossen, dass eine Trennung das Beste für Sie beide sei.

Betrachtet man diesen Konflikt von außen, ist es leichter, Überlegungen anzustellen: Sie können beschließen, seine Beförderung abzuwarten oder ein Wochenendhaus auf dem Land zu kaufen! Da gibt es nichts Zwangsläufiges.

In diesem Fall ist ein tiefes Bedürfnis, schlecht oder gar nicht zum Ausdruck gebracht, der Auslöser für die Trennung. Wenn Sie die Möglichkeit haben, auf die entsprechenden Elemente Ihrer Geschichte zurückzugreifen, können Sie allmählich Klarheit über die Gründe für die Trennung gewinnen und über den Kontext, der dieser Entscheidung vorausgegangen ist.

Erkennen Sie die Schwachstellen der Beziehung und Ihre Motivation

Bei den meisten Trennungen liegen die Fehler auf beiden Seiten. Wenn Sie daran gearbeitet haben, die Gründe für das Unbehagen Ihrer Flamme zu verstehen, ist es gleichermaßen wichtig, zu begreifen, was Sie in der Beziehung gestört hat. Sei es, um zu Ihrer Flamme zurückzukehren oder damit es Ihnen gelingt, wieder neu durchzustarten, müssen auch Sie sich einige Fragen stellen.

Schreiben Sie auf ein Blatt Papier die häufigsten Vorwürfe, die Sie Ihrem Partner gemacht haben.

- Hat er Ihre Anliegen berücksichtigt?
- Hat er Initiativen unternommen, um auf Ihre Beobachtungen zu reagieren?
- Weshalb wollen Sie Ihre Flamme wieder in Ihr Leben zurückholen?

Diese letzte Frage ist einer der Schlüssel zum Verständnis der Trennung. In vielen Fällen ist es die Angst vor der Einsamkeit, die im Vordergrund steht. Sich allein und ohne Zuwendung zu fühlen ist eine Quelle großer Angst bei vielen Menschen. Für viele mag das nach Egoismus klingen. Man fühlt sich schlecht, wenn man zugibt, dass der andere Sie nicht mehr genug leiden kann, um mit Ihnen das Leben zu teilen. Dass er Sie nicht gewählt hat. Sie würden gern die Situation kontrollieren.

Hierzu können sich Stolz und ein gewisses besitzergreifendes Gefühl gesellen, wobei die Vorstellung, seinen Partner einem anderen überlassen zu müssen, irritierend sein kann.

Der einzige gültige Grund, aus dem Sie für die Beziehung kämpfen sollten, ist die Gewissheit, dass diese Person Ihnen noch etwas zu geben hat und dass Ihnen gemeinsam der Aufbau einer gesunden Partnerschaft gelingen kann. Dies ist eine unerlässliche Bedingung.

Wenn Ihr Bedürfnis, Ihren Ex wiederzubekommen, lediglich eine Reaktion auf Ihre Ängste ist und Ihre Angst vor Zurückweisung oder Verlassenwerden schürt, wäre es für Sie interessanter, an Ihren Verletzungen zu arbeiten und die Trennung als Gelegenheit aufzufassen, all diese Dinge in Ordnung zu bringen.

Um klarer zu sehen, nehmen Sie sich Zeit, nachdem die Trennung ausgesprochen wurde. Zwingen Sie sich, nicht daran zu denken. Das ist der einzige Weg, nicht von zu starken Emotionen verwirrt zu werden. Einige Tage genügen.

Legen Sie erneut Ihre Vorstellungen nieder: Schreiben Sie die Gründe auf, die Ihnen Lust machen zurückzukehren. Wenn die meisten von ihnen mit positiven Eigenschaften der anderen Person zusammenhängen, dann ist eine Wiedereroberung vorstellbar. Wenn die Gründe jedoch eher materiell sind, mit »ich« beginnen oder zwiespältige Erinnerungen sind, dann ist es besser, daran zu arbeiten, die Trennung zu akzeptieren, da Sie zu einem Neuanfang nicht bereit sind.

Versuchen Sie auf der anderen Seite, sich auch an frühere Trennungen zu erinnern. Haben Sie da ein ähnliches Gefühl gehabt? Wenn sich die Situation wiederholt, ist es so gut wie sicher, dass Ihr Ex nicht der Grund für Ihre Verwirrung ist, sondern dass es Wunden zu heilen gilt.

Die kreative Visualisierung

Der berühmte verfluchte Tag

Erinnern Sie sich an einen Tag, an dem Sie viel zu spät aufgestanden sind. Es goss in Strömen, Sie haben Ihre Bluse angeschmort beim Versuch, sie zu bügeln, und dann hat Sie ein durch eine Pfütze fahrendes Auto voll Wasser gespritzt, was überall Flecken machte. Im Büro angekommen, war Ihr Chef ausnahmsweise zu früh da und hat Ihnen gegenüber eine unfreundliche Bemerkung gemacht. Im Laufe des Tages mussten Sie Stornierungen von Aufträgen einstecken, und am Abend kam Ihre Sushi-Bestellung schließlich eine Stunde zu spät und hat Sie schrecklich krank gemacht.

Jedes Individuum besitzt eine schöpferische Kraft, die ihm die Fähigkeit gibt, das Unsichtbare in Sichtbares zu verwandeln und auf diese Weise seine Wünsche zu materialisieren – seien sie nun gut ... oder schlecht!

Wegen eines scheinbar harmlosen Ereignisses, »der Verspätung« am Morgen, haben Sie eine Reihe negativer Ereignisse herbeigeführt, einfach nur, weil Sie schlechte Laune hatten und sich permanent unbewusst sagten: »Was kann heute wohl noch schiefgehen?«

Ihre Gedanken waren wie ein Magnet; sie haben ähnliche Erfahrungen angezogen, und so ist es zu einer Kette als negativ wahrgenommener Situationen gekommen. Ihre Wirklichkeit hat sich dem angepasst, was Sie herausgefordert haben.

Ihre Gedanken werden augenblicklich in das Universum projiziert und können auch andere Menschen und deren Reaktionen auf Sie beeinflussen.

Solche Einflüsse erkannte man auch im Bereich der Naturwissenschaften, die festgestellt haben, dass jeder physische Körper seine Umgebung beeinflusst, was die Grundlagen für die Gesetze der Schwerkraft (das unendlich Große) sowie der Quantenphysik (das unendlich Kleine) legte.

Alles, was einer Person in ihrem Leben geschieht, ist das Resultat ihrer mentalen Projektionen wie etwa der Bilder und Gedanken, die ihren Geist im Laufe des Tages durchziehen. Über den spirituellen Bereich hinausgehend, wird die Technik der kreativen Visualisierung im Sport, im Marketing und in Bereichen des Alltags angewendet. Nun wollen wir sie benutzen, um die Rückkehr zu Ihrer Zwillingsflamme zu bewirken.

Bei der kreativen Visualisierung gibt es keine Regeln; die Vorstellungskraft kann alles tun und bildet ihre eigene Grenze. Sie können das, was ich Ihnen als Übung anbiete, nach Belieben verändern und es Ihren persönlichen Bedürfnissen vollkommen frei anpassen.

Eine Übung, die ich sehr liebe, ist die des Visualisierungsbildes: Auf einem großen DIN-A3-Bogen legen Sie das Leben, das Sie mit Ihrer Flamme teilen möchten, nieder. Sie stellen, anders gesagt, alle Elemente auf diesem Blatt dar, die Sie sich in Ihrem Leben zu zweit wünschen. Fügen Sie viele Details hinzu, um das Bild so realistisch wie möglich zu machen.

Schreiben Sie auf, welche Diskussionen Sie mit Ihrer Flamme führen möchten. Dazu die Projekte, die Sie ausführen möchten – etwa Reisen, die Sie gern unternehmen würden. Kleben Sie Bilder der Orte hinein, die Sie besuchen möchten. Stellen Sie sich als Paar in zehn Jahren, in zwanzig Jahren vor.

Wenn Sie können, zeichnen Sie Ihr ideales Haus. Erzählen Sie Ihren Kindern auf einem schönen Briefpapier von Ihrem Leben als Paar. Was würden Sie sagen? Wie sähe der schönste Augenblick aus? Der berührendste? Halten Sie ihn auf Ihrem Visualisierungsbild fest.

Verwenden Sie mehrere Farben; wählen Sie eine für die Worte Ihrer Flamme und eine andere für das, was Sie im Falle einer Diskussion sagen würden. Sie können das Papier auch parfümieren oder es über ein Räucherstäbchen halten. Tun Sie das, was Ihnen Freude bereitet.

Nachdem Sie geschrieben, geklebt, ausgeschnitten und befestigt haben, hängen Sie Ihr Visualisierungsbild gut sichtbar über Ihr Bett, über Ihren Schreibtisch, oder hängen Sie es sogar an die Kühlschranktür!

Stellen Sie sich die Szenen, die Sie beschrieben haben, immer wieder vor. Insbesondere abends, wenn das Mentale weniger präsent ist und Sie sich in einer Art Halbschlaf befinden, der günstig für eine Manifestierung ist. Je mehr Sie daran denken, desto stärker werden die Schwingungen sein, und die Chance, dass Ihre Vorstellungen sich in der Materie materialisieren, wird steigen.

Einige Menschen ziehen eine Technik der kreativen Visualisierung vor, die ich »Liebeskugel« nenne. Vor einem offenen Fenster visualisieren Sie eine goldene Kugel, die Ihre Liebe zu Ihrer Zwillingsflamme enthält.

Stellen Sie sich vor, Sie hielten diese Energiekugel in beiden Händen und würden Sie wie einen Kelch vor sich hinstellen. Konzentrieren Sie all Ihre Energie und Ihre Gedanken in dieser Kugel, als würde Ihr Leben davon abhängen.

Stellen Sie sich vor, wie das Licht dieser Energiekugel in Ihren Händen strahlt; es kann sogar den ganzen Raum beleuchten. Spüren Sie die helle Wärme zwischen Ihren Handflächen. Legen Sie Ihre Liebe hinein und seien Sie vom Resultat überzeugt.

Nach einigen Minuten tun Sie so, als würden Sie die Kugel aus dem Fenster werfen. Sie sehen zu, wie sie in den Himmel aufsteigt, um so dicht wie möglich am Herzen bei Ihrer Zwillingsflamme anzukommen.

Wiederholen Sie diese Technik der Kreativen Visualisierung, sooft Sie mögen.

Eine dritte Technik besteht darin, zwei einander entgegengesetzte Symbole zu schaffen, die Sie und Ihre Zwillingsflamme darstellen, und sie in einem dritten Symbol zu vereinen, der die beiden ersten in sich aufnimmt. Diese Übung ist von der Theorie von Filippo Berta sowie den Arbeiten von Jean Monbourquette inspiriert. Sie erfolgt in drei Stufen:

1. Kreation des ersten Symbols: Finden Sie ein Symbol (Tier, Objekt, mythische oder fiktive Person), das Sie im Zwillingsflammen-Paar repräsentiert. Beschreiben Sie seine Eigenschaften. Bei einem Vogel würden Sie beispielsweise sagen, er sei frei, leicht, nicht zu fassen, bezaubernd und so weiter.

2. Kreation des zweiten Symbols: Finden Sie ein Symbol (Tier, Objekt, mythische oder fiktive Person), das Ihren Partner im Zwillingsflammen-Paar repräsentiert. Beschreiben Sie seine Eigenschaften. Bei einem Wolf würden Sie zum Beispiel sagen, er sei loyal, einsam, mächtig, intelligent und so weiter.

3. Auf sich zurückkommen: Bitten Sie Ihr inneres Selbst, die Synthese aus den beiden Symbolen herzustellen. Breiten Sie beide Arme auf Schulterhöhe zu den Seiten aus und betrachten Sie nacheinander Ihre Hände. Wenn Sie Rechtshänder sind, stellen Sie sich Ihr Symbol (in diesem Beispiel der Vogel) in der rechten Hand vor. Stellen Sie sich das Symbol Ihres Partners (hier der Wolf) in der linken Hand vor.

Führen Sie Ihre Hände aufeinander zu und bitten Sie dabei Ihr göttliches Ich, die Integration der beiden Symbole herbeizuführen und Ihnen das zu schenken, was sich aus der Verschmelzung der beiden ersten Symbole ergibt.

Dieses dritte Symbol wird Integrationssymbol genannt. Es ist aufgeladen mit Bedeutung und der Kraft zur Manifestation. Behalten Sie es ruhig bei sich und zeichnen Sie es, wenn Ihnen Zweifel kommen.

Die Techniken der Emotionalen Befreiung (EFT)

Emotional Freedom Techniques (deutsch Techniken der Emotionalen Befreiung) ist die Bezeichnung eines therapeutischen Konzeptes aus dem Bereich der sogenannten energetischen Psychologie. Es ist eine Methode zur Linderung und Behandlung von Stress und psychischen oder psychosomatischen Störungen, bei der bestimmte Akupressurpunkte am Körper beklopft werden. EFT zielt darauf ab, negative Emotionen auszuleiten.

Durch leichtes Klopfen oder Reiben bestimmter Punkte auf den sogenannten Meridianen befreien Sie sich von der Last traumatischer Erinnerungen, ohne jedoch die Erfahrung selbst aus Ihrem Gedächtnis zu löschen. Die Methode ist einfach, wirkungsvoll und spielerisch. Und sie schenkt schnelle, aber lang anhaltende Ergebnisse.

Ohne gleich zum EFT-Experten werden zu müssen, können Sie einige Übungen ausführen, wenn die Trennungsangst oder das Fehlen Ihrer Zwillingsflamme schwer zu ertragen ist. Die folgende kurze Sequenz kann die emotionale Ladung durch das Klopfen von acht Meridianpunkten in einer bestimmten Reihenfolge lösen. Sie können folgendermaßen üben: Klopfen Sie jeden Punkt ungefähr fünf Mal mit Ihrem Zeige- und Mittelfinger. Die Fachbezeichnungen können Sie ignorieren, außer Sie möchten mehr über EFT lernen, dann können Sie sich extra damit befassen.

1. Punkt

Zone: am inneren Anfang der Augenbraue (dicht am Nasenbein).

Verknüpfte Emotionen: AA (Blase 2). Beseitigt Ängste, Aufregung, Stagnation und Gefühle, die aus früheren schwierigen Situationen stammen. Fördert die Entwicklung von innerer Kraft, Intuition und Frieden.

2. Punkt

Zone: Augenwinkel (auf der äußeren Augenpartie, nahe an den Schläfen).

Verknüpfte Emotionen: AW (SP Tai Yang). Besänftigt Wut, Passivität und beseitigt den gebetsmühlenartigen Groll im Mentalen. Fördert die Entwicklung konstruktiven Selbstausdrucks, indem es Handeln und Zielgerichtetheit unterstützt.

3. Punkt

Zone: Unter dem Auge (in der Mitte des Knochens unter dem Auge).

Verknüpfte Emotionen: UA (Magen 1). Befreit das Gefühl der Unzufriedenheit, Zweifel und Phobien und hilft dabei, die entsprechenden Erfahrungen zu verarbeiten. Fördert die Fähigkeit, zu geben und zu nehmen, die Gefühle von Dankbarkeit und die Empfindung von Fülle.

4. Punkt

Zone: Unter der Nase (in der Mulde des Amorbogens über der Oberlippe).

Verknüpfte Emotionen: UN (Lenkergefäß 26). Löst Schüchternheit, die Furcht, sich selbst zu bestätigen, die Angst, in den Vordergrund zu treten und zu versagen. Hilft, sich selbst zu akzeptieren und ehrlich zu kommunizieren.

5. Punkt

Zone: Kinn (in der Mitte des Grübchens).

Verknüpfte Emotionen: Ki (Renmai 24). Vertreibt Gefühle von Versagen und Schuld, Bedauern sowie Gewissensbisse, Bedrücktheit und Depression. Vergrößert das Vermögen, zu verzeihen, hilft, die Vergangenheit völlig hinter sich zu lassen und sich nach vorn auszurichten.

6. Punkt

Zone: Schlüsselbein (in der Mulde unter dem Schlüsselbein an der Seite der Schulter).

Verknüpfte Emotionen: Schl (Niere 27). Befreit von Ängsten, Panik, Angstzuständen und von dem Gefühl der Unsicherheit. Hilft, ein Gefühl von Ruhe und Sicherheit zu bewahren. Erweckt das Verlangen vorwärtszugehen.

7. Punkt

Zone: Unter dem Arm (der Punkt, der die horizontale Linie des unteren Büstenhalterrandes mit der vertikalen Linie verbindet, die von der Mitte der Achsel nach unten geht).

Verknüpfte Emotionen: UnA (Milz 21). Vertreibt Ärger und Unzufriedenheit. Fördert Freude, Wohlgefühl und Zufriedenheit.

8. Punkt

Zone: Unter der Brustwarze (leicht seitlich).

Verknüpfte Emotionen: UB (Leber 14). Löst Wut, Kummer und Frustration. Schenkt Selbstvertrauen und stimuliert die Entschlossenheit und die Lust, auf spontane und direkte Weise zu kommunizieren.

Wiederholen Sie das Klopfen und auch die anderen Übungen, sooft Sie mögen. Die Ergebnisse sind manchmal spektakulär.

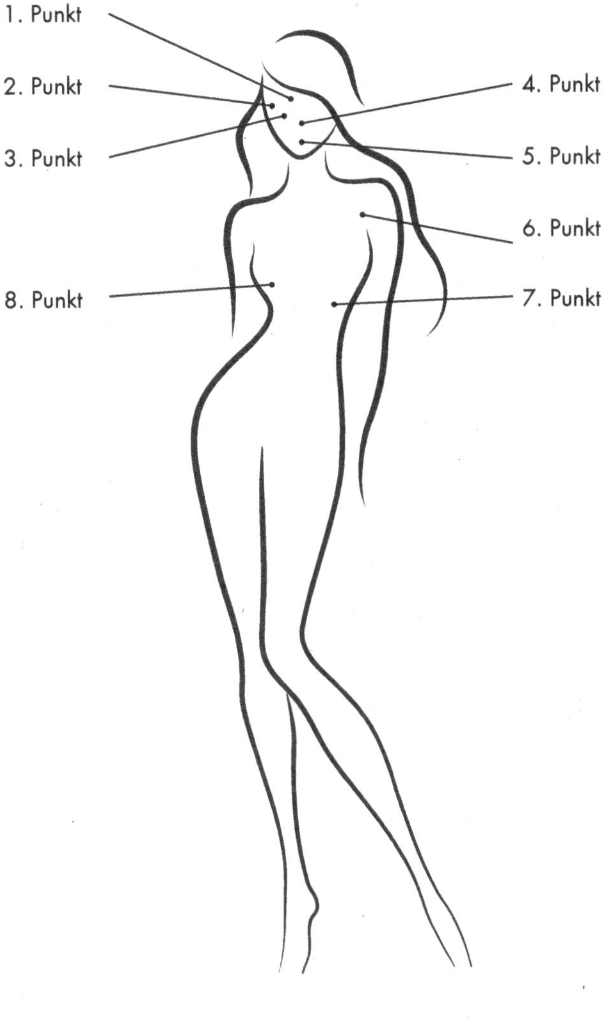
1. Punkt
2. Punkt
3. Punkt
4. Punkt
5. Punkt
6. Punkt
8. Punkt
7. Punkt

Schlusswort

> »Er war mir fremd, aber ich habe ihn wiedererkannt. Ich habe mich in ihm zu Hause gefühlt. Es war, als kannten wir uns schon seit Jahren. Es war, als gehörten wir zusammen.«

So strapaziös eine Zwillingsflammen-Beziehung auch sein mag, sie bringt uns doch sehr viel mehr als Liebe. Sie schenkt uns die Gelegenheit, uns selbst zu betrachten.

Diese Anleitung ist nur ein Einblick in die Tiefe dieses Weges, die ein Buch nicht in Worte zu fassen vermag. Ich hoffe jedoch, dass es Ihnen in Augenblicken des Zweifels einen Hauch von Hoffnung vermittelt.

Mögen wir alle ohne Angst auf diesem mutigen Weg vorangehen, um das eine in uns durch den anderen zu finden. Mögen wir unsere Suche niemals aufgeben. Diese Suche wird schwer sein, mit Phasen, in denen wir zweifeln und uns sagen, dass all dies nur eine Chimäre sei. Unser Herz ist der Weg. Befreien wir uns von der Illusion der Kontrolle, von der Tyrannei der Angst. Erwecken wir in uns Entzücken und Dankbarkeit. Das, was wir innen und außen suchen.

Seit ewigen Zeiten.

Während der ganzen Zeit des Schreibens über die Zwillingsflammen haben meine spirituellen Führer jede Seite in ihr Licht der Liebe getaucht. Möge dieses Licht Sie auf Schritt und Tritt auf Ihrem Weg begleiten, jetzt und immerdar.

Sehr herzlich

La Douce Pythie

Danksagung

Dir, meiner lieben Flamme, ohne die es all dies nicht gegeben hätte, danke ich.

Danke an Ines, der Hohepriesterin meines Herzens, ohne die all dies nicht möglich gewesen wäre.

Danke an meine Freunde, die mir seit so vielen Inkarnationen folgen, für das, was sie sind und was sie zu meinem Alltag beigetragen haben. Héloise, Shorouk, Nadège, Charlotte und so viele andere.

Danke für die angenehmen und wundervollen Begegnungen mit jenen, die sich mir in ihren Erlebnisberichten offenbart und mir Vertrauen geschenkt haben. Ihre Erfahrungen sind kostbar. Ihr Vertrauen berührt mich tief.

Danke an die, die mich konsultiert haben und mir im Alltag den Zauber des Göttlichen in mir gezeigt haben.

Ich danke allen, die ich auf dem Weg dazu, ein Medium zu sein, begleite, mein Licht-Team, diese wunderbaren Frauen (und Männer!), die mich immer wieder beeindrucken. Wir schaffen eine wunderbare Welt.

Literatur

Bourbeau, Lise: Heile die Wunden deiner Seele. Mit der Weisheit des Körpers tiefe emotionale Verletzungen heilen, Oberstdorf, Windpferd: 2000.

Von Franz, Marie-Louise: Alchemie. Eine Einführung in ihre Symbolik, o.O., Verlag Stiftung für Jungsche Psychologie: 2008.

Garnier-Malet, Jean-Pierre und Lucile: Das Doppel … wie funktioniert das?, Barcelona, Editorial Reconocerse: 2013.

Jodorowsky, Alexandro; Costa, Marianne: Der Weg des Tarot, Oberstdorf, Windpferd: 2008.

Jung, C. G.: Symbole der Wandlung, o.O., Rascher: 1952.

Walsch, Neale: Gespräche mit Gott, München, Goldmann: 1997.

Endnoten

1 Zitiert aus: Jean-Yves Leloup: Das Evangelium des Johannes. Übersetzt von Maike und Stephan Schuhmacher. Edition Spuren: Winterthur, 2008.

2 Die Autorin bezieht sich hier auf den Titel eines Werks von Marguertie Yourcenar *Die Schwarze Flamme* (orig. *L'oeuvre au noir*) über einen Alchemisten in der Renaissance. (Anm. d. Übers.)

3 Lise Bourbeau, *Heilung der fünf Wunden der Seele*, übersetzt von Claudia Seele-Nyima, Oberstdorf (Windpferd) 2015.

4 Was die Astrologie angeht, stütze ich mich in diesem Kapitel auf das Fachwissen von Héloïse Amilcar, der Autorin von *Petit livre des chakras* (Éditions First, 2021).

Bildnachweis

Figur auf Seite 166: istock/shorenated
Yin Yang Symbol auf Seite 15: istock/Andrii Koltun